新 潮 文 庫

鞄に本だけつめこんで

群 ようこ 著

新 潮 社 版

4552

目次

鞄《かばん》に本だけつめこんで

1冊目　幸田文《あや》「父・こんなこと」

父親は、なぜか、どうも恥ずかしい

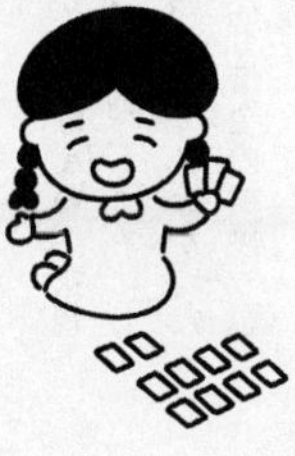

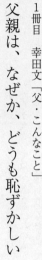

掃いたり拭いたりのしかたを私は父から習った。掃除ばかりではない、女親から教えられる筈《はず》であろうことは大概みんな父から習っている。パーマネントのじゃんじゃら髪にクリップをかけて整頓することは遂に教えてくれなかったが、おしろいのつけかたも豆腐の切りかたも障子の張りかたも借金の挨拶も恋の出入りも、みんな父が世話をやいてくれた。

人は父のことをすばらしい物識りだと云うし、また風変りな変人だというが、父に云わせれば、おれが物識りなのではなくてそういう人があまりに物識らずなのだと云い、わたしが変なのではなくて並外れの人が多い世の中なんだ、ということである。ははあとも思い、はてなともおもっていた。いずれにせよ、家事一般を父から習ったということは、そういう父の物識りの物教えたがりからでもなく、変人かたぎの歪んだ特産物でもなかったのである。露伴家の家庭事情が自然そういうなりゆきにあったからであり、父はそのなりゆきにしたがって母親の役どころを兼ね行ってくれたのであった。

「父・こんなこと」より抜粋（新潮文庫版）

私の父親タケシは売れない絵描《えか》きであった。日がな一日家の中でゴロゴロしていた。私が朝学校へ行くときは寝ていて、帰ってくるとボーッと昼の名画座を観《み》ている。そしてそれが終わると近所に散歩に出かけ、夕食をたべ風呂《ふろ》に入って寝るというこのパターンを毎日くりかえしていた。売れない絵描きというよりも、立派な失業者であった。一回の仕事の収入で何カ月も食べていかなければならなかった。

そして突発的に何をしでかすかわからない、歩く人間爆弾でもあった。恐怖の引越し魔で何の前ぶれもなく、

「一週間後に引越し！」

と晩ごはんを食べている時に皆にいいわたす。私と弟は、

「ひえーっ」

と、おったまげるのだが、母親ハルエはもう何をきいても全く動ぜず、しらんぷりしてタクアンをボリボリかじったりしていた。私と弟はあわてて身の回りのものを段ボール箱につめて、あれよあれよという間に遊牧民族の如《ごと》く去っていくのである。ヤ

ドカリは賢く自分の成長にあわせてどんどん大きい貝を選んでいくけれど、タケシはいきあたりばったりで、２ＤＫに家族四人をおしこめたり、私と弟に八畳ずつの部屋を与えたりと、まるで一貫性がないのであった。

そしてタケシは恐怖の発明料理魔でもあった。ヒマなもんだから家の中にある野菜、果物、調味料を総動員して得体《えたい》のしれない料理を作った。

タケシの料理は、

「別々に喰《く》えるものが一緒に喰えないわけはない」

というポリシーで貫かれていた。ある夏の日タケシは〝スイカミルクかけごはん〟を作り、私たちに食べろ食べろとせまった。おまけに上にはサトウが山のようにかけてあった。むりやりそれを食べさせられた私たち及び料理人タケシはその夜から二日、枕《まくら》を並べて腹下しで討死《うちじに》したのであった。

一事が万事こういう調子だった。友だちは父親から水泳を教わったという。竹トンボの作り方を教わったという子もいた。ふと我が身をふりかえってみると、私が一番最初にタケシから教わったのは花札であった。

「コイコイっていうのを教えてやるからな」

と私と弟にむかって言った。絵の札ばかりで面白《おもしろ》そうだとは思ったが、今までトムとジェリーの絵あわせゲームで見慣れているせいか何となく興味がわかないのである。乗り気でない私たちの顔を見てタケシは必死になって、

「ほら、これとこれ、サクラが両方にあるでしょ、だからひと組なの。わかる？　これは萩《はぎ》なの！　猪《いのしし》は鹿《しか》と蝶々《ちょうちょう》とも一緒になるの！」

と必死で教えるのだが、なんせ子供だから全部はすぐ覚えられない。すぐにでも遊びたいタケシは、

「うーむ、よし、お手本があればわかるな」

と言ったかと思うと机の前に座って何やら一心不乱にやり出した。翌日タケシはニコニコして、

「できたどー」

と言って、私たちに文庫本くらいの大きさの紙をホチキスでとめたものをくれた。それには〝コイコイのあそびかた〟と赤でかいてあり、コイコイの役がみんな手描きの総天然色で示され、ごていねいに、

「このカサをさしているおじさん（おののとうふう）が入ると雨入り四光になります」

と解説まで付いていた。

コイコイで私たちが負けると、その月のお小遣いがまきあげられる。そうなるとこっちも必死で小学生博徒《ばくと》となりはてるのであった。しかしタケシの勝負の仕方がキタナイ。私たちが負けそうになると、

「あー、こりゃだめだ。おまえの負けだ」

と心理作戦で攻めてくる。反対に自分が負けそうになると、

「ごめーん、いま、まちがえちゃった。もう一枚めくってもいーい？」

と我が子に媚《こ》びるのである。そういうことをするのでだんだん私たちに相手にされなくなってしまったのだった。

しかしそんなことでめげるようなタケシではない。今度は別の手を使いはじめた。テレビの競馬中継である。

「単勝っていうのは一着の馬だけを選ぶの。連勝複式っていうのは一着と二着の馬をあてるの、わかったか。この枠《わく》の番号であてるんだぞ」

と言い、即席馬券を作り、私と弟にくれるのである。これはコイコイよりも、もっと興奮した。ゲートが開いて馬が一斉《いっせい》にスタートすると、テレビの前で親子三人手作り馬券を握りしめ、画面にむかってにじり寄っていくのであった。タケシは中央競馬会であるからほとんど損することがなく、このへんもひどくキタナイのである。

しかしある日めずらしくタケシが、

「次のレースを当てたら千円やるぞ」

と言う。今まで私は中央競馬会に金をまきあげられてばかりいた。いいかげんでやめたかった。ニットエイトという馬にして半分あきらめてテレビを観ていた。ところが、ところがだ。何とこの馬が一着になってしまったのである。

「やった、やったぁ」

と思わず叫んだ。タケシは苦々しい顔をして、

「うーん」

とうなっていた。

「ねぇ、どうしてもお金ほしい？」

と小声で私にきいた。

「うん、一着だもん」

と私は答えた。

「そうかぁ……うーん」

しぶしぶタケシは財布の中から千円札を出して私に手渡した。じっとしててお金が入るのはいいなあと思った。やみつきになりそうな気がした。タケシに、

「次もやろうよ」

というと聞こえないフリをしているのである。それからは競馬中継を一切観なくなってしまい、それ以来父親と子供のコミュニケーションはぷっつりと途絶えてしまったのであった。

私が中学に通うようになると、ますます暗い家庭になっていった。ハルエは勤めに出るようになり、タケシのほうは相変らず仕事がなく、毎日毎日庭に米をまいてザルを立てかけ、スズメを獲《と》るのに没頭していた。夫婦仲は悪いわ、金はないわ、こんな家へ帰りたくなるほうがおかしい。私は授業が終わっても下校時間ギリギリまで図書室で本を読み、帰りがけに近所の小さな本屋で文庫本を買って親と顔をあわさないようにして自分の部屋で読みふけった。自分より不幸な境遇の人が登場するとかわいそうに思いながらも、

「私はこれほど不幸ではない」

と秘《ひそ》かに安心した。

毎日本屋通いをしているうちに買いたいと思う本がだんだん少なくなってきた。何となく気まぐれで買った本の中に幸田文「父・こんなこと」があった。「こんなこと」には著者が十四歳くらいから、父である幸田露伴《ろはん》から教えられた掃除、障子はり、風

呂のたきつけ、野良《のら》仕事のやりかた、それもハタキを作ったり、下肥《しもごえ》を汲《く》むことからやらされたということが書いてあった。彼女は父親に対して反発したり、ムッとしたりしながらもとっても楽しそうなのである。

「けっ、くそ面白くもない」

と思って斜め読みしてほったらかしにしておいた。

どこの親も、娘がこのくらいの年齢になると家事をしこもうとするようで、うちも家政科を首席で卒業した我が母がそれにトライしたが、四角い部屋を不等辺三角形に掃き、魚を四枚におろしたりする前代未聞《みもん》の必殺技をもつ私にはホトホトあいそをつかし、そのまま無視されてしまった。

私が二十歳になったとき、予想どおり親は離婚し、それから四年後、私は段ボール二十箱の本だけもって安アパートで一人暮らしをはじめた。そのとき段ボール箱の下のほうから出てきたのが、まわりが茶色く変色した「父・こんなこと」の文庫本だった。汚ないし捨ててしまおうかと思ってパラパラページをめくっていたら、面白くてやめられなくなってしまった。

何をするにも頭と体を使えというのが幸田露伴のやりかたで、非常にそれが合理的なのだ。たとえば、

「刺し雑巾《ぞうきん》は不潔になり易《やす》いし、性《しょう》の無いようなぼろっきれに丹念な針目を見せて、糸ばかりが残るなんぞは時間も労力も凡《およ》そ無益だから、よせ。そのひまにもっと役に立つことでも、おもしろいことでもやれ」

と露伴先生はのたまう。掃除の仕方を教わっている時、ススのついたホウキを縁側ではたいたら、また先生が怒る。

「女はどんな時でも見よい方がいいんだ。はたらいている時に未熟な形をするようなやつは、気どったって澄ましたって見る人が見りゃ問題にならん」

ひととおりの講義実習が、

「ありがとうございました」

の礼でおわる。すると、

「女はごみっぽいもんだから、もういいと思ってからももう一度よく、呪文《じゅもん》をとなえて見るんだ」

と言って〝あとみよそわか〟という言葉を教えるのである。

しかし私が父親にああだこうだといわれたら、一時間ももたずにケンカをしてしまうだろう。著者は表面上は不満たらたらでも、内心こういったことを通じて父親と関《かか》わりをもつことがうれしかったのに違いない。やはりそれは幸田露伴が、女性をとても理解し包容力がある人だからだ。こういった類《たぐ》いのことを母親から教わったとする。単にきれいになればいい、雑巾というものはタテヨコナナメに針目がしっかりなければ気がすまない、結果は同じでも動いているときに他人がどう見ているかなどということなどはかいもく考えない、のではないか。

目先のことにばかりとらわれて、実は肝心な問題を忘れてしまう、女にありがちなことを彼はそっと教えてくれたのだ。常に「自分のなかに他人の目」を持っていて、自分が今どういうことをやっているのか意識していること。これは競馬ウマみたいに一つのことしか見えなくなってしまう、女の私たちは考えるべきことだと思う。

家事について、そして女の生き方について娘に発言できる男がどれだけいるだろうか。もちろん私の父親はそんなことがいえない男のうちの一人であった。著者は露伴の特訓のかいあって、身重の体でも障子はりをして姑《しゅうとめ》に誉《ほ》められる。うるさく叩《たた》き込まれたことは踊りなどと同じで、一生身に付く。しかし、私が教わった花札の知識など何の役にも立たない。

私は父親が嫌《きら》いだった。あまり関わりあいたくない人だった。幸田露伴と著者の関係は「麗《うるわ》しい父と娘」の姿である。「娘」を一人の女として優しく見つめている父親がいる。でも自分が娘の立場だったとすると、ちょっと恥ずかしい。父親には女として成長したときのことなんか、考えてもらいたくない。やっぱり私には、父親が「コイコイのあそびかた」まで作って、花札を教えてくれたことのほうが、ふさわしいと思えるのである。

2冊目　梶井《かじい》基次郎《もとじろう》「愛撫《あいぶ》」

かわいい家族、猫《ねこ》

猫の耳というものはまことに可笑《おか》しなものである。薄べったくて、冷たくて、竹の子の皮のように、表には絨毛《じゅうもう》が生えていて、裏はピカピカしている。硬いような、柔らかいような、なんともいえない一種特別の物質である。私は子供のときから、猫の耳というと、一度「切符切り」でパチンとやって見たくて堪《たま》らなかった。これは残酷な空想だろうか？

否。全く猫の耳の持っている一種不可思議な示唆力によるのである。私は、家へ来たある謹厳な客が、膝《ひざ》へあがって来た仔猫《こねこ》の耳を、話をしながら、しきりに抓《つね》っていた光景を忘れることが出来ない。

このような疑惑は思いの外に執念深いものである。「切符切り」でパチンとやるというような、児戯に類した空想も、思い切って行為に移さない限り、われわれのアンニュイのなかに、外観上の年齢を遥《はる》かにながく生き延びる。とっくに分別の出来た大人が、今もなお熱心に――厚紙でサンドウィッチのように挟んだうえから一と思いに切ってみたら？――こんなことを考えているのである！

「愛撫」より抜粋（「檸檬《れもん》」新潮文庫版）

親に黙って会社をやめてしまったことがあった。試験に一週間かかったのにもかかわらず、二日でやめてしまったのだった。最初のうちは黙っていた母親も、目に怒りの炎が燃えはじめ、弟も冷たいまなざしで私を見るという、家庭内村八分になってしまった。

「あんたは奴隷《どれい》だ！」

と母親はSMの女王のようなことを言った。私はじとーっと暗い目をしてうつむいていた。それからが過酷な毎日。日本の女クンタキンテとして働いた。毎朝、母上様、弟様をおくり出すと家の中の雑用が山のようにあり、目の回るような忙しさだった。

その当時、私の家にはグレーの濃淡もようのトラちゃんというメス猫がいた。一日中私のあとをくっついていた。洗濯物《せんたく》を干す時は一緒にベランダを右往左往。電話で話をしているとトコトコやってきて、横から、

「ニャー、ニャー」

と一緒になってないたり、外に布団《ふとん》を干したまま台所で洗いものをしていると、突

然目の色を変えてすっとんできて、雨が降ってきたことを教えてくれたりもした。

そして家事が一段落するとトラちゃんと向かいあって昼御飯。おかずを作っている間もトラちゃんはきちんとおすわりをしてじーっとちゃぶ台の前で待っているのだった。アジの干《ひ》物《もの》とか、ししゃもを焼いてトラちゃんも私と同じものを食べる。

「トラちゃん、おいしいねぇ」

「ニャーン」

と、ちゃんとお返事をしてくれて、トラちゃんだけが私の味方だった。

最初はいいこいいこしていたが、だんだん慣れてくると、トラちゃんの肉体をもてあそぶようになった。何の罪もないトラちゃんではあったが、はっきりいって私のための大人のおもちゃだった。

働きたくても働けないというイライラが高じると、トラちゃんをとっつかまえて薬箱の中からムヒのチューブをとり出し、鼻の頭とお尻《しり》の穴に塗った。トラちゃんはあわてて、鼻水を噴き出しながらグルグルと四畳半の中を走りまわっていた。私もあまりのことにびっくりしてタオルで鼻とお尻をふいてやると、トラちゃんの目つきが険しい。ここで嫌《きら》われたら立場がないので、頭をナデナデして晩御飯にはいわしの煮たのをたっぷりあげて機《き》嫌《げん》をとった。やはりトラちゃんもバカではなくそれからはかくし持っていたムヒのチューブを見せると、ピューッとどこかに逃げるようになってしまった。

失業女とメス猫のSMの日々は、まだまだ続いた。

新たに開発したのは〝トラちゃんの鼻ふさぎ〟という技である。これは鼻の穴を人差し指と親指でふさいでしまうという簡単なものだ。最初は何事かと思って目を白黒させているが、しばらくンガンガやっているうちに口をパクッとあけてはあはあやり出すのである。

「トラちゃん苦しかったねぇ」

と言うと、

「ニャー」

とないて体をすりよせてくる。かわいい子なのである。

その次は〝カメハメハ大王〟。これは駅前のスーパー・マーケットの紙袋を腹巻状にカットし、それを赤いヒモで胴体に縛りつけ金色の折り紙で冠をつくってボンドで頭にはりつけて外に放すというやたらと派手なもので、これをやると必ず町内の笑い者になるので、帰ってくるとひどく機嫌が悪かった。

トラちゃんをだっこしている時に脇《わき》の下に手を入れて、

「世界一周！」

といいながらぐるっと部屋の中を一周する技もあった。一体何が起こったかとトラちゃんがボーッとするのが楽しみだった。

化粧品のCMをマネした〝イオナごっこ〟は、ガムテープを二〇センチくらいに切り、

「イオナ、私は美しい」

といいながら、そのテープで両耳をペタッと頭にはりつけてしまうのだ。耳がない猫の姿というものは、できそこないの起きあがり小法師《こぼし》のようでひどくみっともなかった。私がゲラゲラ指さして大笑いしている間、トラちゃんは必死に前足でガムテープをとろうとしていた。少しずつテープをはがしていくと、そこにはちぎれた毛がいっぱいくっついていた。テープをはがし終わるとトラちゃんはギャアギャアなきながらひどく怒るのだった。

これらのSM遊びのきわめつけが〝インディアンののろし〟というものである。ベランダでトラちゃんがあたたかい陽《ひ》を浴びてうつらうつらしている。そこへしのび寄るのが、片手に虫めがねを持った私である。おもむろにトラちゃんの頭の上に虫めがねをかざし、てっぺんの黒い毛めがけて焦点を結ぶように距離を調整する。しばらく

すると頭からほわーっと灰色の煙があがる。トラちゃんは耳だけピクピク動かして、何か変だな、というそぶりをみせる。かまわず続けていると突如ボッと毛がこげて、頭のてっぺんからインディアンののろしをあげたまま、トラちゃんはブロック塀《べい》の上を疾走していくのである。五、六分するとトラちゃんは不可解な顔をして、キョロキョロと上のほうを見ながら帰ってくる。そして私にむかって訴えるような目つきをするのだった。

「トラちゃん、急に頭から煙が出たね」

というと、

「おわぁ、おわぁ」

と悲しげになくのだった。

ふだんそういうことばかりやっているので、たまにおわびとしてマッサージをしてあげた。うしろむきに座らせ、肩のところを両手でつかんで、

「お客さん、ずいぶん猫背ですねぇ。姿勢よくしないと体に悪いですよ」

といいながら肩を揉《も》んでやるのだ。そうすると尻尾《しっぽ》に力を入れ、体をこわばらせてキッと口を真一文字に結び、じっと耐えているのであった。が、だんだん疲れてくるのかそのうちカックリと頭を垂れ、もうされるがままになっているのだ。そういう時

のトラちゃんのうなじはとってもかわいいのだった。うなじをコチョコチョっとやると、ウッフンと笑ったような気もした。私は急に後悔の念にかられ、

「ごめんね、ごめんね」

といいながらトラちゃんをひしと胸にかき抱くのだった。そうしながらどうしてこんなに大好きなのにいじめてしまうのだろうと考えた。

そういえばあの梶井基次郎だって、けっこう猫をいじめかわいがりしていたようだ。私は虫めがね片手ににじり寄っていったが、彼は猫の耳を切符切りでパチンと切ってみたくてたまらなかった。どうしても耳が気になって仕方がないのでかみついてしまったという。弱くかむと弱々しく、強くかむと大きな声でないて、まるで木管楽器のようだったという。私は胸にかき抱いていたトラちゃんを膝の上にあおむけにしておなかを指で押してみた。フガフガと鼻をならしてふいごのようだった。

「どうして逃げないの、お前は？」

と言ってみてもトラちゃんはじっと私の顔をみている。私のことを何でも許してくれそうな気がした。

「愛撫」の夢の中にでてくる夫人は飼っていた仔猫の前足で白粉《おしろい》をはたくパフを作った。これを読んでギャッというのはたいてい猫嫌いの人なのだ。猫好きは根本的にサ

ディストなのかもしれない。体中いじくりまわしているうちに、だんだん愛情がつのってくるのである。しかしトラちゃんも年をとり、私のシゴキに耐えられなくなっていった。このあいだ産まれたと思ったらもうお婆《ばあ》さんになっているのはひどく悲しいことだった。

そのうち私の再就職も決まってしまい、またトラちゃんは昼間一人ぼっちで過ごすことになってしまった。朝、家を出るとき断腸の思いで、

「トラちゃん、行ってくるからね」

と声をかけると、トラちゃんは、

「ニャーゴ、ニャーゴ」

と、なきながらずーっと駅に行く道の途中までついてくるのだった。そして、

「ここでさよならね」

と言うと、うなだれてトボトボと家に帰っていくのである。満員電車にゆられながら、もう会社なんかどうでもいいと思った。五時半になるとあとも見ずに会社をとび出し、トラちゃんの大好物のキャットフードのレバー味と鮭《さけ》の切り身を買って急いで家に帰った。だんだん家に近づくと、坂の途中にずんぐりした置物のような影がある。もしやと思って、

「トラちゃんか」

と声をかけるとその置物は、

「フニャー」

とお返事をするのだった。

「ごめんね、淋《さび》しかったね」

とトラちゃんを抱き上げて、頬《ほお》ずりしながら家の中に入った。

私はだんだん毛がパサついていくトラちゃんを見るのはしのびなかった。

あおむけに寝てお腹《なか》の上にトラちゃんをのせると、首のところまではってきた。

「愛撫」の最後に猫の前足を両マブタにあてるくだりがあるのを思い出し、トラちゃんの前足をむんずとつかみ、マブタの上に押しあてた。するとこの老猫《ろうびょう》は、今までのウラミを晴らすかのようにバリッと爪《つめ》をたて、マブタの上にみごとな川の字をかいてくれた。おかげさまで私の目は琴風《ことかぜ》と同じになり、しばらくは、暗くうつむいて会社に通うハメになってしまった。

「このやろー」

と思っても、なきながら足元にまつわりついてくるトラちゃんを見ていると、なぜか、

「カハハ……」

と目を腫《は》らして、力なく笑って許してしまう私だった。

それから二、三日、トラちゃんは家に帰ってこなかった。母親は、

「もう年だからね、死に場所を捜しにいってるんじゃないの。猫って飼主に死ぬところみせないから」

と不吉なことを言うのである。やっぱり死んじゃったのかなあと思いつつ、布団の中でうつらうつらしていると、庭で、

「ニャー」

という声がした。そのとたん家中の電気がバッとつけられ、寝巻き姿の我が家族が庭めがけて突進していった。そこにはきちんとおすわりをしているトラちゃんの姿があった。

「どうしたの」

といっても黙って顔を見上げているだけ。

「さよならを言いにきたんだよ、やっぱり」

と母親は小声でいった。体をさすってやると首から下はなぜかひんやりしていた。頭をなでてやると一カ所だけハゲているところがあった。インディアンののろしの傷

跡だった。私はごめんね、ごめんねと何度も心の中でいいながらハゲをさすった。母親が杯に水を入れて目の前に置くと少しだけなめた。

「トラちゃん、今までありがとう」

と母親が言うと、トラちゃんはどこへともなく去っていった。私は何か喋《しゃべ》ると涙がドバーッと出てきそうだったので、黙って布団の中にもぐりこんだ。明日の朝になったらまた庭にいるかもしれない、と自分にいいきかせて寝ようとしたが、涙がボロボロ出てきて仕方がなかった。

次の日もその次の日も、それからずっとトラちゃんは姿をみせなかった。猫は死んではいけない生き物なのである。うれしい時、淋しい時、悲しい時、膝の上にのせて話しかけているだけで安心してしまう。私がトラちゃんをハゲにしてしまったり、猫の前足をちょんぎって化粧道具にしてしまう夢をみたり、耳にかみついてみたりするのは本当は人間が猫に甘えているからなのだ。「愛撫」を読むたびに、トラちゃんへの「ありがとう」と「ごめんなさい」が交錯し、いつも哀《かな》しくなってしまうのである。

3冊目　梶山季之《としゆき》「色魔《しきま》」

男って何なのか

北海道の監獄部屋で、猪田新八が生き長らえたのは、生来、粗食と労働に甘んじられる強健な肉体をもっていた、ということもあったが、一つには、彼の躰──というよりはセックスのテクニックに、親方の内儀が、ぞっこん参ったからに他ならない。

そして新八は、この時分から、

──女は、男の出世に利用できる動物である。

と思い込みはじめたような、フシがあった。

後半、〝色魔〟と渾名《あだな》された悪徳代議士の新八ではあるが、彼は女の力を利用して、着実にのし上って来ている。

つまり彼は、女の躰を奪い、その因縁を利用して、権力者に接近し、成功をかち得てきたのだった。

お小夜の場合は、彼の性器の〝疣《いぼ》〟に惚れたのかも知れないが、そしてこの場合、彼は〝受身〟であったが、次第に味をしめて、目的の女を強姦し、男の味を覚えさせて女を夢中にさせる……という方向を辿《たど》ったようである。

「色魔」より抜粋（徳間文庫版）

大学に入学した四月、キャンパスを歩いていて一番びっくりしたのは、あっちこっちで男子学生が女の子をナンパしていることだった。通路の両側に上級生や新入生の男子学生が立ち並び、前を通る女の子に声をかけている風景は、まるで六本木のアマンドの前のようだった。私はそこを通る時、胸がドキドキした。嫌《きら》いなタイプの男の子から声をかけられた時の断わりかたばかり考えていた。結局緊張してそこを通っても、私には何の関係もない取り越し苦労だということがわかった。

もちろんモテる人ばかりではないから、あぶれた者同士がなんとなく仲良くなり、お互い、

「お前は男に邪険だからモテない」

とか、

「あんたは女に甘えるからダメなんだ」

と、ののしりあいつつ傷口をナメあっているという、暗い青春であった。

その中に、A君というとてもおとなしい男の子がいた。色白細面《ほそおもて》で背が高く、目の

大きさが針穴大というのが難点といえば難点であった。彼は決して自分からは喋《しゃべ》らず、私がギャーギャーわめいても、ただフンフンとうなずくだけという草食動物のような感じの人だった。

「卒業したらどうするの？」

ときくといつも、

「僕《ぼく》、テレビ局にいきたい」

ボソッとそういうのだった。

「ふーん」

私は東宝パーラーのアイスクリームをパクパクたべながら、将来のことを考えている人は考えてるんだなあ、と感心した。

しかし彼が私たち傷ナメグループと一緒にいたのは二カ月ぐらいだった。突如彼女ができてしまったのである。またこの女の子が彼に輪をかけたようなおとなしい子で、はたで見ていて、この人たちはコミュニケーションがちゃんとできているのだろうかと心配になったくらいなのだ。キャンパスで姿をみつけ、

「おーい、元気かよォ」

そう大声でドナるのは私である。

「はーい」

そういって手を振るのはおとなしい草食動物コンビであった。

傷ナメグループはお互い牽制《けんせい》しあい、

「あんた、ぬけがけしたら承知しないからね」

そういって腹をさぐりあっていた。ところがだんだん学生たちの妥協点が低くなってきたのかこのグループからも一人減り二人減りし、残ったのは私ともう一人の女の子だけになってしまったので自然消滅した。彼女はこうなったらと半分ヤケクソで男漁《あさ》りに精を出し、私はアルバイトばかりして金もうけに精を出した。もちろん授業に出るヒマなどあるわけないから、A君の彼女に、

「いつもすみませんねぇ」

といってノートをみせてもらっていた。が、四年になるともうみんなバラバラになってしまい、お互い疎遠《そえん》になった。

ある日私がバイトから帰ってきて晩御飯のしたくをしていると、傷ナメグループに私と共に最後まで残った男漁りのジュン子から電話があった。

「ちょっと、あんた、きょうウィークエンダーにA君が出るから観《み》なさいよ」

それだけいって電話は切れた。私は、これはすごい！と思った。外見はおとなし

そうにみえてもさすが男、地道にコツコツ努力して手はじめにレポーターのアルバイトにありついたのだろうと感心した。そして何も関係ないウチの母と弟を呼び、私の大学の友達が今夜ウィークエンダーに出演するからぜひ観るようにと命じた。母は、

「わーすごい、すごい。出世頭《しゅっせがしら》！」

と手を叩《たた》き、弟は、

「それに比べておねえちゃんは悲惨だねえ」

と、しみじみいうのである。私たちは夜十時の放送を楽しみにしていた。放送時間に間にあうようにお風呂《ふろ》に入り、みんなでテレビの前に集まった。テーマソングが流れるとワーッといって拍手をした。一人一人レポーターの紹介をしたが、その中にA君はいなかった。

「ちょっとあんた、出てないじゃないの」

母はおかきをボリボリ食べながらいった。

「再現フィルムもあるじゃないですか、母上」

そういって私はのんびりかまえていた。ところが再現フィルムにも出てこない。母はますます、疑いの目をして、

「おかしいわねぇ、あんただまされたんじゃないの」

と不機嫌《ふきげん》そうにいう。

「そ、そんなことないよ」

「だって全然出てこないじゃないよ」

ボリボリとおかきを食べる音がだんだん大きくなっていった。画面では、いつも番組の最後のレポーターの青空はるおが出ていた。私は内心心配でならなかった。気まずい雰囲気《ふんいき》のなかで私はお茶だけすすりながら画面をみていた。青空はるおはいつもの調子で、

「あの、三多摩で起った連続暴行魔がやっとつかまりました」

とやっている。

「犯人はこの男です」

「！！！」

思わず湯のみ茶碗《ぢゃわん》をとり落としそうになった。何と、パネルに貼《は》られて公衆の面前に登場したのは、あの、まぎれもないA君だったのである。

「あわあわあわ……」

私はうろたえてただ画面を指さしてわめいた。母はキッとした顔をして、

「えっ、何、何なの、A君ってこの人なの」

「あ、あわあわあわ」

私は口をあんぐり開けたまま、何度も何度もうなずいた。

「んまあ、いったいどういうことなのよ！　テレビに出るっていうから楽しみにしてたのに」

いっきに母と弟の私を見る目が冷たくなった。私の頭の中では、事件が起って犯人がつかまると知人の談話として、「全く信じられません」「あのおとなしい人が」というコメントがよく流れるが、まさにその通りで「信じられない」ということばがグルグルとかけめぐった。彼のおとなしさからみれば、私のほうは百人くらい男を襲いそうなかんじだったのに、人は見かけによらないなあとつくづく思った。どうすれば草食動物から肉食獣に変身することができるのか、しばらく理解に苦しんだ。こういう危険人物は一目見て〝危険〟ということがわかるような顔つきにしてほしいと思う。しかしどうしても女には見抜けない男の部分というものはあるのだ。

「色魔」の主人公、猪田新八も、食欲、性欲、金欲と欲望のままに生きた男である。だがA君とは違い、こちらはごっつい体に猪首《いくび》で、みるからに脂《あぶら》ぎった危険人物という風貌《ふうぼう》だった。

実在した代議士がモデルになっているという彼の人生は、誠に波瀾万丈《はらんばんじょう》である。農家の八男坊として生まれ、大正の半ば小学校を終えるとすぐ東京にいる親類をたよって上京、しかし当の親類は数日前に夜逃げしていて駅に迎えにこない。駅にボーッとたたずむ彼の姿をみた人買いの男につかまったのが運のつき。彼の流転《るてん》人生がはじまっていく。そしてそこにいつも女がつきまとっている。人買いの妻の〝犬〟として弄《もてあそ》ばれたのが十四歳、それから三十円で売られた先の呉服屋で、出入りの邸《やしき》の女中と関係をもつ。ちなみに彼は十五歳、彼女は二十七歳であった。商品に手をつけて呉服屋をクビになってから彼は、実演ショー、北海道でのタコ部屋暮らし。樺太《からふと》、朝鮮、中国と放浪の旅をして最後は代議士になるという、いわゆる男の立身出世物語なのだが、私からみると本当に憎たらしい男なのだ。

まず彼と関係した女がみんな一度寝てしまうと、彼のいうことなら何でもハイハイときいてしまうことであった。彼の手口はだいたいが暴力的である。それなのにもかかわらずしかけられた女性のほうは、

「あらあら」

といいつつも彼に身をまかせてしまう。それはひとえに彼の技術によるものだと作者は書いているのだが、それが今テレビで大はやりのドクター荒井の性感マッサージ風で読んでいて思わず笑ってしまうのだ。そのうえ持ち物が大きくて疣《いぼ》つき、という

大人のオモチャみたいなカラダをしているというのも気持ち悪いではないか。こういう男が年増《としま》、娘、人妻、白人、中国人など女であれば誰《だれ》かれかまわず言い寄り、それを利用してどんどん自分のプラスにしていくといった、まさに女の敵なのである。北海道のタコ部屋暮らしのときは、もう少し楽な仕事につきたいがため、親方の女房《にょうぼう》を寝とってその根回しをさせる。樺太へいくときは、その金欲しさに貿易商の白人妻の男妾《おとこめかけ》となって金を稼《かせ》ぐ。自分の欲しいものが手に入ったらその女はポイ。ひどいときには自分の妻の妹に手をつけて一緒に逃げようと誘い出し、途中で金がなくなったので友人と相談してその妹を京城で娼窟《しょうくつ》に叩き売ってしまうことまでやるのである。

彼が代議士になったときに、

「十六人の女に二十四人の子供を産ませた」

といっていたらしいが、単に認知していたのがそれだけで、それ以外にもたくさんいるだろうということで、本当に自分のことしか考えていない、どうしようもない人物なのである。なにしろ、

「選挙区の女に手を出すのは親戚《しんせき》をふやすため。農村を歩きまわるよりてっとりばやい」

「代議士になって女に子供をつくらせるのは、二十年たてば一票に変わる」

この程度のことしか考えておらず、タコ部屋時代の親方の女房に産ませた子供が成長して会いにきたときも、最初は喜んで自分の秘書にしたのだが、自分の政策に不利になるような結婚をしたというので勘当。自分の立場を守るために地元の女に手をつける。相手にするのは町民に尊敬されている女教師。彼女が彼らにひとことといえば、票の確保はかたい。料亭《りょうてい》の娘は政治家の話合いを盗み聞きできる立場にあり、それを流してもらうようにたのむといった具合で、彼女たちにはあのドクター荒井方式でがんばるのだが、金で買う女には手ヌキもいいところで、後日芸者さんたちには、

「噂《うわさ》ほどでもないつまらない男」

といわれる始末なのだ。

もちろん彼にはコンプレックスがあった。肉体的欲求ばかりで知的欲求がほとんどなかったからである。代議士時代決算委員会で追加《ついか》更正《こうせい》予算をオイカサラマサヨサン、毛沢東《もうたくとう》をケザワヒガシ、PTAとDDTをまちがえ、片山哲《てつ》氏をカタヤマオリグチと言い、まわりの人々から失笑をかうのである。

彼の一生をみていくと、図体《ずうたい》だけがでかくて頭はカラッポのオットセイが、メスを何匹もまわりにしたがえてふんぞりかえっているような気がする。十四歳で人買いに売られた少年がとりあえず代議士にまでなったというのは、運が強かったとしかいえ

ない。

私のまわりでも「どうしてあんな男と」と思うような結婚をする女性がいて、不可解でしかたがなかったが、彼女の弁によると、

「寝てしまうと女は弱い」

というのである。そういう機会に恵まれない私は、

「あーそうなの」

そううなずくだけである。最初は、こんな男、と思っていてもだんだんそう思わなくなってくるという。ただ不思議なのは、どうして最初から印象の悪い男と寝るのか、ということである。このへんにどうも考え方のちがいがありそうなのだ。猪田新八にもてあそばれた女たちも、いやだいやだとはいいながら〝疵つき〟をみせられると態度が変わったり、告訴するようにすすめられてもキズものになったというしろめたさがあり何人目かの妻になった、彼の競争相手の姪《めい》もいる。

考え方によっては、男にとっては一番いい時代だったのかもしれない。「色魔」にも出てくるが、まさに〝やり得《どく》〟の時代で、男は遊びたいだけ遊び、手を出されたほうもしろうと女は泣き寝入りという理不尽さであった。今の時代にそんなことをしたらあっという間に警察にとっつかまったり、だましたつもりがだまされて男のほうが

財産をとられてしまうことが十分にありうる。

猪田新八は憎たらしい男である。だけど憎めないのである。あまりに大っぴらすぎてこっちがあっけにとられてしまう。表面的には優しくおとなしくて陰で陰湿に豹変《ひょうへん》するタイプと、豪快にガハガハとやりまくる男。私にとって男の本質というのは、やっぱり何が出てくるか全然わからない真暗な穴ぐらのようなものなのである。

4冊目　金子ふみ子「何が私をこうさせたか」

なるべく楽しく生きたいけれど

「お前に今うちを出られては、いかにもわしが苛め出しでもしたように親類たちから思われるからもう少し辛抱していておくれ」と、叔母は頼むように私を引止めた。

けれど私はもう我慢が出来なかった。私は東京に出る決心をした。東京に出て苦学することにきめた。ただしかし、そうするのにはそうするだけの準備が必要だった。

東京に出てから当分の間はなにも出来ないだろう。その間、衣類のことなんかには構っていられないだろう。そう考えて私は、せっせと洗濯をしたり、縫い直しものをしたりして、時を待った。

新聞が来るとなによりもさきに職業案内のところを見たり、英語や数学の学校の生徒募集の広告を切抜いては行李の中に蔵い込んだりもした。

「何が私をこうさせたか」より抜粋（筑摩叢書《そうしょ》版）

私は、本が読めない生活など全く考えたことがなかった。小学生のときは私が本を欲しいと思うより先に親がドンドコ本を買ってきたので、読むのがおいつかなかった。中学生のときは本を読む気など全くおきず、家に帰るのがいやで学校帰りにブラブラと新宿をふらついて夜九時ごろ仕方なく家に帰るという積木《つみき》くずしの一歩手前だった。

みんながそろそろ色気づき出す高校時代になると、私の頭の中にあるのは本のことばかりになった。アルバイトして稼《かせ》いだお金は、すべて本につぎこんだ。クラスの女の子たちは当時はやっていたミニスカートをはき、髪の毛をカールして薄化粧までしている子もいた。私はまずジーンズ二本を買い求め、弟をとっつかまえて「姉弟衣服交換交渉」を行なった。

「すみませんヒロシちゃん、お願いがあるんですけど」

「………」

すでに弟の腰は逃げ、目はおびえている。

「あのさあ、あんたの持ってるセーター、おねえちゃんも着ていいよね、ね、ね」

　私は弟の二の腕をわし摑《づか》みにしていった。

「ひえーっ、や、やだよ、ボク」

　思ったとおりの答えであった。

「そんなこといわないでさあ、ね、たった二人の姉弟じゃないの。一緒に着られるんだったらそのほうがムダがなくていいじゃない。ねっ。おねえちゃんの赤いセーター着てもいいから。あんたの黒いのや茶色の貸して」

「やだったら、やだ！　そんなに着たいんだったら自分で買えばいいじゃんか。バイトしてんだろ。セーターの一枚や二枚買えるじゃないか」

　はっきりいって弟の意見は正しいのである。しかし、私はいざ服を買いにいって値段をみると、すぐ、

「あ あこれ一枚で単行本が五冊買える」

　と、換算するクセがついていたので、売場をグルグルまわって結局何も買わずに帰ってきてしまうのだった。

「おねえちゃんは、本ばっか買いすぎるんだよ。全部読んでるわけじゃないんだろ。何のために本買ってんの？　ボク恥ずかしいんだよね、友だちにいつもいわれるんだ

ぜ。『おまえんとこのねえちゃんおもしれえな』って。ちょっとはボクのことも考えてよ。ズボーッと抜けてんだから。おねえちゃんみたいに一見、本たくさん読んでるようにみえてそれが何の役にも立ってない人のこと、目から鼻の穴に抜けてるっていうんだよ！　あまり下らないことボクにたのまないで！」

「ガハハハ、いいねえ、その、目から鼻の穴に抜けてるっていうの」

「何喜んでんだよ、このバカ！」

私みたいに気分で生きてるのとは違い、理論的な性格の弟の意見は正しいのであった。私は表面上は納得しているようなフリをして、黙ってタンスの引き出しを開けて弟のセーターを着ていった。弟より遅く家を出て、弟より早く家に帰らなければならなかったので、これは誠に大変なことだった。そのうえ弟がうすうす気づきはじめたということもあって、私は断腸の思いでセーターを二枚買った。今後これ以上の衣服は買うまいと心に決めた。

ある日、私は学校に遅刻しそうになった。あせって靴下《くつした》をはいたとたん、ズボッと親指が靴下をつき破って突出した。

「あっヤバイ」

あわてて靴下を脱いだが、そこにはみごとな大穴があいていた。別の靴下をはけばいいのだが、当時私は靴下は三足しか持っておらず、あいにく悪天候続きで木綿の靴下二足は物干しにブラ下がったままで、学校にはいていけるのはこれしかなかったのだ。私は裁縫箱から白い木綿糸と針を出して、破けた穴のまわりをグシグシぬってギュッとちぢめ、応急処置をした。

「よし、これでまたしばらくはける」

とても十六、七の女子高校生とは思えないズボラさだったのである。だんだん酷使されて弱っていく靴下を、私は大事に大事に洗った。

「これがダメになったら文庫本二冊分」

と心の中でいいながらセコセコと学校から帰ると洗濯した。しかし物には使用限度があるもので、そのうちの一足のカカトの部分が、洗濯のもみ洗いに耐えきれずにバリッと裂けてしまったのだった。

「あーあ」

こうなったらダメかなと思ったが、ま、やるだけやってみようととりあえずそれを干し、乾いてから似たような白いメリヤスの布キレでツギをあててみた。

「靴はいてりゃわかんないや」

しばらくそれをはいていたら、友だちがとても親切になった。学校の帰りにお団子

屋さんへいっても、

「あんたの分、私たちで払っとくからいいよ」

などという。変だなあと思ってよく考えてみると、思いあたるのはただひとつ、誰《だれ》かが私の靴下のツギ当てをみて、あわれんでくれたのに違いないのである。それから私は本と他《ほか》のものを換算するのをやめた。やっぱり本は体を飾ってくれないし、食べることもできないからである。私のまわりには読みたい本がたくさんあった。しかし少しずつそれは私の手元に入り、多少の不満はあったけれど、本に飢えたということは全くなかったのだった。

金子ふみ子は勉強したい、本を読みたいという欲求が強かったのにもかかわらず、父親が自分の子として入籍していなかったため、無籍者扱いで、ろくに学校へもいかせてもらえなかった。父は当時同居していたふみ子の母の妹とデキてしまい、まっ昼間から二人でいちゃついている毎日で、その姿をふみ子は子供のころから垣間《かいま》みるようになり、子供ながらに、父や母への不信感をだんだんとつのらせていった。金子ふみ子は大逆罪に問われ、朴烈《ぼくれつ》と共に捕えられて死刑の宣告をうけ、のちに無期懲役《ちょうえき》となったにもかかわらず、二十三歳の若さで獄中で縊《い》死した女性である。私は思想的なことはよくわからない。しかし金子ふみ子という一人の女性が二十三歳まで生きてきた道をたどると、親と子、姉と弟、学問、本、恋愛、すべて彼女が欲しているのと全く違うほうへと流れていってしまった彼女の不運に胸がいたんでしまうのだ。

ふみ子をふびんに思った母親が私生児として届けを出すといっても見栄《みえ》っぱりの父親はそれを許さず、かといって何をしようともせずただブラブラとしているという有様だった。その後父が母の妹と逃げ、男がいなければ生きていけない依頼心の強い母が何人もの男をとっかえひっかえつれてきて、そのたんびに、

「お前のお父さんだよ」

といわれても彼女は心を開こうとしなかった。校長の恩情でやっと入学させてもらった小学校でも彼女の名は出席簿にはない。授業には出てもいいが、明らかに邪魔者扱いされていたのだ。日一日と彼女の家の暮らしはかたむき、売りぐいをする毎日となったが、最後何も売るものがなくなると母親が彼女の手をひき娼妓《しょうぎ》として売りとばそうとするのだった。

だれも相談する友人もなく身勝手な大人たちの中で、彼女はだんだん〝大人の世界を冷たく見つめる小さな悪魔〟のようになっていくのである。

それから母はまた別の男のところへ自分一人だけで嫁ぎ、彼女は母方の祖母の養女として朝鮮に渡る。この家は大変裕福でふみ子を跡とり娘として養育するという話だ

ったのだが、祖母に気に入られずにまるで使用人のようにこき使われ、縁側からつきおとされ、下駄《げた》でけっとばされる暴力をふるわれる。ますます知識欲が芽ばえてくるころなのに教科書以外の本など買ってやるものかといわれ、本を読むことを禁じられてしまうのだ。

彼女はいつも近くの山に登った。ウサギやキジを目にしたり、花が咲き乱れる頂上で寝っころがっているのが唯一《ゆいいつ》のなぐさめだった。十二、三歳の食べ盛りの女の子が祖母に少しさからったからといって丸二日御飯を食べさせない。何度彼女がわびても、祖母たちはそれを無視して彼女に罵声《ばせい》を浴びせ続けるのである。

「いっそ死んでしまおう」

そう決意して彼女はフラフラと川っぷちまで歩き、砂利を袂《たもと》の中にいれてとびこもうとじっとたたずむ。このくだりは何度読んでもボロボロと涙が出てしまう。しかしとびこもうとする彼女の目の前には、ただひとつのなぐさめである自然が広がっていた。

「ああ、もうお別れだ！　山にも、木にも、石にも、花にも、動物にも、この蟬《せみ》の声にも、一切のものに……」

彼女には人間とのふれあいなど何もなかった。ものいうものはすべて彼女の敵だったのである。彼女はそばの柳の木によりかかり、自分が死んでしまったらどうなるか、とつらつら考える。あの老婆《ろうば》の祖母は自分が死んだからといって、他人には都合のいいようにウソを並べたてるだろう。そうしたら私はそれに対して何も弁解することができないじゃないかと思うと、自分は死んではならないとさえ考えるようになり、それからの彼女のたくましい生き方をささえるようになるのだった。

私が十二、三のとき、やはり家にいるのが嫌《いや》だった。父と母と顔をあわすたんびに大喧嘩《おおげんか》になり、顔をみるのも話すのも嫌だった。成績もどんどん悪くなっていき、いっそ死んでしまったほうがいい。このわけのわからない鬱屈《うっくつ》から逃れたいと、そればかり考えていた時期もあった。だけど私には友人がいた。本もあった。音楽があった。そして喧嘩はしても晩御飯を食べさせてくれる親がいたのである。そのすべてがないまま虐待《ぎゃくたい》され続け、〝欲〟を持つことを禁じられてしまっても生きようとしたふみ子のことを考えると、その気丈さには本当に驚いてしまうのである。

朝鮮の家から追い出されて日本に帰ってきたふみ子は、前にくらべて少しは幸せだったようだ。自分で金を稼げるようになり、親とは名ばかりの実家から東京に出てきて、知識欲を満足させるために自力で学校にも通えるようになったからだ。〝自分で自分の生活ができる〟という意気にもえる苦学生だった。私はこの本を読んで、ふみ子はいつ幸せになれるのだろうかと思いつつ読みすすんだ。今度は幸せになれるのではないか、今度は……と思うのだが、ふみ子にはいつになっても満足する日々はやってこない。社会主義者の同志に淡い恋心を抱いてもその気持ちをはぐらかされ、彼女をとりまくほとんどの人々の関《かか》わりが虚《むな》しくカラ回りしていくのである。生活もだんだん苦しくなっていった。新聞の売り子、粉石けんを売る露店商、行商。毎日毎日、学校がはじまる前や終わった後、いそいで着がえて町にとび出していくのである。ふみ子は学校へ行くために洗面器まで売りとばした。だから顔は湯島公園の便所の出口にある手洗鉢《てあらいばち》で洗う。学校へ行くため、本を読むためには生活に不用なものはどんどん売りとばしていった。一軒一軒家をまわって粉石けんを売る。あまりに町を歩きまわるので下駄の歯がすぐすり減ってくるのだがふみ子には買う金がない。ごみために捨てられている下駄をひろってはきかえたりもした。

ふみ子のまわりにはキリスト教の信者の若い男などが寄ってきて「祈れば幸せになる」という。彼女は一体それが自分のために何になったのかという。人のために奉仕し、教会に行ったって、ちっとも自分のためにはならない。人間に失望し宗教に失望したふみ子は学校もやめ、社会主義者の仲間の家を転々とするようになる。ここで朴烈と知りあい、二人手をつなぎあって夜の公園で冷たくなったホッペタをくっつけあってじっとしていた、それが唯一彼女が女として甘え、幸せな時ではなかったかと思う。

「死ぬなら一緒に死にましょう。私たちは共に生きて共に死にましょう」とこの獄中手記に記したふみ子はたった二十三年しか生きずに死んでしまった。自分の知識欲を満たすため、どんなに苦しくても気丈に生きたふみ子、食べる物が何もないときにはごみためめに捨ててあるおこげまで手づかみにして食べたふみ子、これだけの女性が自らの命を断ってしまったというのは本当にやりきれない気持ちでいっぱいになる。

「何が私をこうさせたか」は、単なる犯罪者といわれて捕えられた女性の回想録ではない。子供、親子、男と女、人間と人間、すべての関わりあいのあり方を考えなおすためにある本なのである。

5冊目　坂口安吾《あんご》「堕落論」

不良になりたい

戦争に負けたから堕ちるのではないのだ。人間だから堕ちるのであり、生きているから堕ちるだけだ。だが人間は永遠に堕ちぬくことはできないだろう。なぜなら人間の心は苦難に対して鋼鉄のごとくではあり得ない。人間は可憐《かれん》であり脆弱《ぜいじゃく》であり、それゆえ愚かなものであるが、堕ちぬくためには弱すぎる。人間は結局処女を刺殺せずにはいられず、武士道をあみださずにはいられず、天皇を担ぎださずにはいられなくなるであろう。だが他人の処女でなしに自分自身の処女を刺殺し、自分自身の武士道、自分自身の天皇をあみだすためには、人は正しく堕ちる道を堕ちきることが必要なのだ。そして人のごとくに日本もまた堕ちることが必要であろう。堕ちる道を堕ちきることによって、自分自身を発見し、救わなければならない。政治による救いなどは上皮だけの愚にもつかない物である。

「堕落論」より抜粋（角川文庫版）

小学生のころは、なるべく先生に叱《しか》られないようによい子でいようと思っていた。クラスの子の見ている前で叱られるなんて、カッコ悪くて耐えられなかったからであった。学校から一歩出れば近所の子供たちに狼藉《ろうぜき》の限りをつくしても、先生の前ではネコをかぶっていた。そしてどういうわけか勉強が良くできたので、

「本当にいい子ね」

などと先生に誉《ほ》められると有頂天になり、スキップして家に帰る途中景気づけにガキどもの頭をブン殴った。たしかに学校だけに限っていえば、私はブリッ子のいい子ちゃんであった。好きになる男の子も勉強がよくできて礼儀正しいお坊ちゃんばかりだった。

ところが中学校に入ったとたん、私のいい子ちゃん指向はどんどんくずれていった。まず制服がある。ブラウスは白いものに限る。体操着やオーバーにいたるまで、公立中学なのに細かい校則があり、生徒手帳とかいうものにビッシリ校歌と共に載っていた。あれをしちゃダメ、これをしちゃダメ、風紀係の先生がこうるさく朝礼でがなり

たてるのだった。しかし私には黒いゴムで耳の両側で髪を結ぶオオクニヌシノミコトのようなヘアースタイルよりも、校則を破って肩のあたりでクルンと髪の毛をカールしている先輩の方が、はるかに素敵にみえた。男の子も真面目《まじめ》で勉強ができる青白い秀才坊やよりも、少々頭が悪くても日に焼けて校庭でボールをケッとばしている男の子のほうがはるかにカッコ良くみえた。

「勉強が何だ！　いい子が何だ！」

中学校に入って私はそう思いはじめるようになった。まず自分の好きな授業しか真面目に勉強しないことにした。もちろん先生には怒られる。ところがだんだんみんなの前で怒られても全然恥ずかしくなくなった。自分はやりたくないからやらないと思うと、誰《だれ》に何といわれても平気だった。もちろん成績は山あり谷あり2から5までが勢揃《せいぞろ》いというメチャクチャさで、人のいい担任の先生は頭をかかえて、

「こういう成績ではどの高校を目標にして勉強の指導をしていいかわからん。何とかしてくれえ」

と私に嘆願するのであった。しかしそういう成績表をみせても親が、

「ふーん」

と何の興味も示さないので、私もそれをいいことに学校が終わるとあっちこっちほ

っつき歩いた。ちょうど頃《ころ》はグループサウンズ全盛で、ウエスタンカーニバルを観《み》るために日劇の前に並んだり、ジャズ喫茶の裏口で彼らが出てくるのをずっと待っていたこともあった。そういったところでたむろしている女の人は、長くてまっすぐな髪の毛をして花模様のマンボズボンをはいていてカッコ良かった。私などは母親が縫ったスカートをはいてドデドデと走りまわるしかなかった。はやくああいうふうになりたいと思っていた。制服のまま新宿をブラブラ歩いていて補導されかけたこともあった。

「カバンの中をみせろ」

といわれておとなしくみせたら、たまたまその中に受験研究社の〝馬のマークの参考書〟が入っていたので、

「気をつけてすぐ家に帰りなさい」

と叱られただけで放免された。

私は不良少女になりたくて髪の毛を伸ばした。制服のスカート丈も自分で、少し長めに直した。自分ではどんどんと不良になっていったつもりだったが、友だちからみたら、

「急に山伏《やまぶし》のようなヘアースタイルにして中途半端《はんぱ》な袴《はかま》のようなスカートをはき出し

た」

という奇怪な行動をとったとしか思えなかったらしい。上履きのカカトを踏みつぶし、それをまだ水洗になっていなかった学校のトイレに落としてしまうというダサさはあったにしても、先生に怒られたり校則通りのきちんとした服装をしていないことに対してだんだん快感を覚えていった。どの高校に入ろうかとか試験でいい成績をとろうとかなど全く考えなかった。しかし、私の友だちは学校が終わると有名な進学塾《じゅく》に通っていた。テストの点が上下するたびに青い顔をしていた。

私は学校の授業のなかで美術が一番嫌《きら》いだった。この美術の初老の教師はとにかく日本画風の絵しか認めないという男で、透明感のあるパステルカラーの絵を描《か》けばいい点をつけるという教師だった。当時私は原色をベタベタ塗りつける絵ばかり描いていたので、一番最初に目をつけられた。

「何だ！　この絵は!!」

私の描いた絵をみて教師はドナる。何だ、といわれても答えようがないので、黙って教師の顔を眺《なが》めていた。

「こんな下品な絵を描いて！」

あっけにとられるほど教師は罵詈《ばり》雑言《ぞうごん》を吐いた。そして絵を描き直してきたら許し

てやるというのだった。進学塾に通っている友だちは、

「私もこのあいだまであなたと同じような絵を描いてたんだけどさ、そうすると通信簿の成績が悪くなるじゃない。だからあの先生が気にいるように描くようにしたの。そうしたら少し点が上がったよ。ねえ、そうすれば」

といった。

「そんな面倒くさいことやだよ」

そういって私は教師を無視し続けた。当然通信簿にはみごとに1がついた。私よりも友だちのほうがうろたえた。

「あーあー、1がついちゃってもう……だから私いったじゃない。どうしよう、どうしよう」

自分の成績でもないのに心配してくれるのはありがたかったが、私は仕方ないやと思った。しかしホレッと通信簿をみせられた親のほうはさすがに動揺を隠せなかったようで、めずらしく、

「なぜ美術が1になったのか説明せよ」

と二人して迫ってくるのであった。私は憎たらしい美術教師のことを話し、先生の機嫌《きげん》をとっていい点をもらうのはヤダといった。すると、いつもはお互いに意見のく

い違いが多い両親もこの件においては意見の一致をみたらしく、

「おまえは正しい！」

と私にむかってキッパリといい、

「そんな教師のいうことは気にするな」

とうなずきながらいうのだった。それからの美術の授業は私と教師との戦いの時間だったが、最後には敵もあきらめ、私には何もいわなくなった。ますます私は勉強しなくなった。毎日ヘッドフォンをつけて音楽を聴きまくっていた。

「あー、私はダラクした、ダラクした」

と、ダラクの意味もよくわからないくせにそう思っていた。ダラクしたと思って自分が何かしたかというと何もせず、おやつをムシャムシャ食べてダラダラ過ごしていた。勉強しなくてもいざとなったら何とかなるもんだと思っていたのだ。

　中学の三年間ほとんど勉強しなかった私は、どういうわけか都立の三流校にひっかかった。必死に進学塾に通い、美術の教師に媚《こ》びていい成績をつけてもらった友だちは片っぱしから高校に落ち、泣く泣く担任教師が東奔西走して見つけてきた名もない高校へと入学していった。私は正直いって、

「もうけた」

と思った。いやな勉強もせず、塾に通うムダな金も使わず、グループサウンズを追っかけまわすこともできたし、中学生活は本当に充実していた。必死に塾に通っていた人や先生のいうことをきちんと守り、マラソン大会や勉強に至るまで一所懸命やっていた人がそれが報われる結果を与えられたかというと必ずしもそうではなかった。私は青白い顔をして、ただいい学校に入ることばかり考えていた友だちのことを思うと、〝不条理〟という言葉がボッと浮かんできたりするのである。

マジメにやりなさい、勉強しなさいと教師にうるさくいわれる学校生活のなかで、たまたま書店の文庫の棚《たな》でみつけた「堕落論」というタイトルは、なかなか新鮮だった。買って読んでみると当時の私にはあまりにむずかしかった。が、何となく気になったのは、最初の部分で戦地へおもむく夫をけなげな心情で送った妻たちも、夫が戦死して半年くらいすれば夫の位牌《いはい》にぬかずくことも事務的になるだろうし、新しい面《おも》影《かげ》を胸に宿すのも遠い日のことではない。人間が変わったのではなく、人間はそういうものだという意味のことが書いてあったからだ。だいたい私は読書傾向に関しては年齢よりもずっと上の程度のものを買いこむ生意気なとこがあったから、せっかく買っても全く内容が理解できないまま闇《やみ》に葬《ほうむ》られるものもあった。しかし、パラパラめくっていて一行か二行気になる文章があれば、これは私とは相性がよさそうだということで机の上の本棚に置かれる。当時私の本棚には仲良く「放浪記」と「堕落論」の文庫本が肩を並べ、その背を眺めつつ私はヘッドフォンで耳もつんざけとレッド・ツェッペリンを聴いていたのだった。しかし考えてみればそれは、親や周囲の人々への甘えの上に成り立った中途半端な、昔いい子であったことをひきずっている、いやらしい〝お嬢ちゃんのダラク〟であった。とはいっても登校拒否する勇気もなく、校則を破ったといっても髪を丸坊主《まるぼうず》にしたり金髪に染めたりしたわけでもない、筋金入りの不良からみればまるで屁《へ》みたいなものだった。そのくせ努力とかいう言葉などは大嫌いだったから始末が悪い。自分自身でも、「これでいいのだ」ということと、「こんなことしてていいのか」ということが混ざりあって、とても不安定な時期だった。

そういう不安定な気持ちも、この「堕落論」を拾い読みするだけで少し落ちついた。「乏しきに耐える美徳」「ボタン一つ押し、ハンドルを廻《まわ》すだけですむことを、一日中エイエイ苦労して、汗の結晶だの勤労のよろこび」などというのは馬鹿《ばか》げているという。

私のまわりの大人たちは私たちに向かっていい続けた。

「お前たちは努力をしなければいかん。ナマけるのは罪悪だ」

職員室にいくと〝努力〟と太い筆で書かれた額が飾ってあったりして、思わず目をそむけたくなった。

叱るときに使われる言葉は必ず「努力せよ」、これだけだった。その結果私たちに何がもたらされるのかというと通信簿の5だったり、有名高校への入学だった。今までできなかったことができるようになるのはもちろんうれしい。しかし、それがすべてそういうことにのみ直結させられるとなると私たちはシラケた。

うちの親はうるさいことをゴチャゴチャいわなかったが、どういうわけか真先に信じられなくなった。親以外に信じられそうな大人は担任の先生と、「放浪記」を書いた林芙美子《ふみこ》と、「堕落論」を書いた坂口安吾だった。私の気持ちを理解してくれそうな気がした。レールからはずれたらお前たちは不幸になるんだぞ、といった物のいいかたばかりされたが、レールの上に乗って降りられなくなった人の不幸というものは誰も教えてくれなかった。しかし私はそれを「放浪記」や「堕落論」によって知ることができたし、自分の気のもちようでどんな状況でも毎日の生活は楽しくもつまらなくもなるということを知った。「堕落論」のなかで一番好きな部分がある。

「……雨にはぬれ、爆撃にはビクビクしながら、その毎日を結構たのしみはじめていたオプチミストが少なくなかった。私の近所のオカミサンは爆撃のない日は退屈ねと井戸端会議でふともらして皆に笑われてごまかしたが、笑った方も案外本音はそうなのだと私は思った」

もちろん戦争が楽しいわけはないし、このオカミサンがその後どうなったかわからないが、少なくとも彼女は自分のおかれた状況の中で非常に楽天的に過ごしていたわけで、小娘だった私は、

「どんなところでもちゃんと自分の考えをもっていれば何とかやっていけるものなのか」

と深く納得してしまったのである。

「適当にやってても何とかなる」

十五、六歳のころからそう思ってしまった私はそれ以来勤勉とはほど遠いダラダラした生活を送っている。しかし毎日はなかなか快適である。やるべきものはやり、一日でも遅らせられるものは遅らせるという、

〝明日できることは今日やるな〟

という精神ですごしている。私はこれをゆとりのある生活と呼んでいるが、友だちはゆとりだけしかない生活などと陰口をたたく。私は若いときにこの本を読んで自分自身に少し自信がもてたような気がする。こういうものこそ教科書に載せればよいのに、と勝手に考えたりする今日このごろである。

6冊目　山川方夫《まさお》「街のなかの二人」

「恋愛」についてたまには悩みたい

「こうして歩くのは、ずいぶん久しぶりだな」

五月が終ろうとしていた。彼は、紺地にこまかな赤の縦縞《たてじま》のはいったスポーツ・シャツの腕をまくり、大股《おおまた》にぐんぐん歩いて行く。その二の腕の太さも、肩の肉も、うしろから見ると、別人のように逞《たくま》しくなってしまっている。

「五年ぶりくらいね、ざっと」

晴れた真昼だった。女は、汗ばんだ首すじをハンカチで拭《ふ》きながら答えた。

「そうかい？　でも、いま、久しぶりだね、っていっちゃってから気がついたんだが、おれたち、昔こんなふうにして歩いたことあったか？　案外、はじめてじゃないのか？」

「バカね、そんなことないわ」

「そうかな」

「一度、外苑《がいえん》の中を歩いたことがあったわ。野球を見たかえり」

「そうだっけ」


「愛のごとく」より抜粋（新潮文庫版・絶版）

私は大学一年まで、デートという言葉とは全く無関係な学生生活を送っていた。何かのたたりとしか思えないほど男にモテなかった。高校時代、意を決してこれぞと思った男の子にジリジリとにじり寄っていっても敵もさるもので、当たらずさわらずソロリソロリと逃げていくという表面的には平穏にみえる追っかけっこだった。いつも私は敗《やぶ》れていた。

私は当時女の子の家へいけば必ずあった「チッチとサリー」のマンガ本を揃《そろ》えていた。背が低くてドジなチッチという女の子が、背が高くて頭がよくてハンサムなサリーというニックネームの男の子と恋をするという話で、私も、

「こういうふうになればなあ」

と、いつも思っていた。人は自分にないものを求めるという話なのに、私が好きになるちょっとばかり見ばえのする男の子たちは全然そうではなくて、明らかに私は仲間はずれで、彼らの視野の中から消されていたのだった。

だから新しい大学生活が始まって男の子からデートに誘われたときも、今まで男の

子から無視されていたにもかかわらず、うれしい！と正直には思えなかった。私は妥協をしない女だったのである。私の理想は相変らず「チッチとサリー」で、誘ってくれたのがそういうタイプなら胸ワクワクもしただろうが、彼も私と同じように背が低く太っていて、「チッチとサリー」というよりは〝男チッチと女チッチ〟というかんじだった。だから最初は気がすすまず、どうしようかと悩んでいたら、友だちが、

「話のタネ、話のタネ」

というので、それもそうだと気をとり直してそのお誘いに応じることにしたのだった。どこで待ち合わせるのかドキドキした。渋谷か、原宿か、代官山かと思っていたら男チッチは浅草の雷門《かみなりもん》の前で立ってろというのだった。私はいっきに暗くなった。雷門というのはやたらとハトとおじいさんおばあさんが多いところで、当時若者の姿などほとんどみかけなかった所である。私の人生の輝かしい（内心はあまり輝かしくない）初デートの場所にしてはちょっと問題があるのではないか、私はだんだん行く気をなくして友だちにそのことを相談した。

「あーら、ユニークじゃないの、浅草なんて」

明らかにバカにしている口調で友だちはいった。

「いいじゃない、別にあなた乗り気じゃないんだから、黙ってくっついていってどん

なところへいったか私に教えてよ。そう思えば気楽じゃない」

そうだ、私は別に彼とうまくやろうと思っているわけじゃないから何も悩むことなどないのだ。もう雷門だろうが大井埠頭《ふとう》だろうがどこだって行ってやるわい！　と雷門に向かったのだった。

その日はとても晴れていた。私は雷門のどでかいちょうちんの下でボーッと彼が来るのを待っていた。ハトはバッサバッサと羽ばたいて地べたに落ちた豆にくらいつき、おじいさんおばあさんの団体は、

「おー、こりゃあ立派だ」

と感嘆の声をあげ腰を幾度も折ってペコペコおじぎをしているのだった。私はハトを横目でみながらふてくされていた。あまりに面白《おもしろ》くないので右手に持ったハンドバッグをグルグルぶん回した。一体どういう神経をしているのだ、と彼をののしった。もういいかげん帰ろうかと思っていたら、のたのたと彼が登場した。

「やー、わりい、わりい」

彼はふくれっツラをしている私にむかっていった。無視していると、

「あれ？　怒っちゃったのかな？」

そういいながら私のまわりをピョンピョンはねまわるのだった。この人はバカでは

ないかと思った。私はひとことも口をきかず黙って彼のあとをついていった。

「浅草なんて来たことないでしょ」

六区の通りを歩きながら彼はそういったが、私は地べたに一升ビンと共に寝っころがっている手や足が汚れたおじさんたちをふまないように歩かなければいけないと思って必死だった。

テクテク歩いてつれてこられたのは花屋敷遊園地だった。突如目の前に、昔なつかしいぬり絵の風景が現われたので私はびっくりした。

「ジェットコースターに乗ろう」

彼はそういって私の手をひっぱって乗り場に連れていこうとしたが、私はその手をひっぱたいて、あともみずに一目散に自分だけ乗り場に向かって走った。うしろをふりかえると彼はドデドデと追いかけてきた。私たちはひとことも口をきかなかった。私の頭上ではガーガーとすさまじい音をたてて、ちっこいジェットコースターが所狭しと園内を走りまわっていた。

「フン、こんなの子供だましじゃないの」

ところがそのジェットコースターは、子供だましなどという生やさしいものではなかった。想像していた以上にスピードが速く、たかをくってスピードに対する心がまえができていなかった私の首は右に左に前に後ろにカックリカックリ、まるでちぎれんばかりにふりまわされてしまったのだった。特に頂上から一気に降りるところでは、目尻《めじり》と口はツリ上がり、おまけに鼻の穴は広がるというすさまじい形相で、ホッとするとヨダレまでたれてくるというヒドさだった。彼のほうも一瞬、

「ギッ！」

といううめき声を発したが、そのあと乗っている間中顔はこわばり、体のすべてが硬直しているようだった。私たちはジェットコースターから降りても無言だった。体中がガタガタになってまっすぐに歩くことすらできず、喋《しゃべ》るどころじゃなかったのである。

「いやー、すごかったね」

彼は首のスジをコキコキいわせながらいった。

「はあ」

気のない返事をしたにもかかわらず彼はやっと私がかたくなな心を開いたものと勘ちがいして、どういうわけか人通りが少なく、木が生い茂る暗いところ暗いところへとだんだん歩いていくのだった。そのうえ必要以上に私に接近し、話しかけるたびに私の耳に向かってフハーッと息を吹きかけるのだった。気味悪くなって少しずつ逃げ

るのだが、しつこくツツツと寄ってきてまたフハフハやるのであった。私はいいかげん頭にきてものすごくバカでかい声で、

「ちょっと、あんた！　いったい何のつもりなのよ!!」

と彼を詰問《きつもん》した。

「ひえっ」

「ひぇ、じゃないだろう！　おまえいったいどういうつもりなんだよ！」

私は本性丸出しにしてにじり寄った。

「はっ、いえ、あの……あの、何ともなかった？」

彼はあとずさりしながら小声できいた。私はムカッとして、

「なにィ？　何がだよ!!」

私が目をツリあげてにじりよっていくと、彼は口だけアウアウと動かしていたが、急に、

「さいならー」

といって走り去っていった。私は腹が立って腹が立って仕方がなかったが、その怒りの発散場所がどこにもなかったので、またハンドバッグをブンブンブンブンぶん回した。二度とあいつと会ってやるもんかと思った。

予想していたとおり、初デートは悲惨な結果に終わった。これが災いしてか、それ以降私はデートなどというものにはとんと縁がない。

「街のなかの二人」を書いた山川方夫は、日本画家の山川秀峰の長男として一九三〇年に生まれ、聖心附属幼稚園から慶応義塾へと進んだ俗にいうお坊ちゃんであった。病弱だったため読書と作文に興味をもち、十六歳のときは一日一冊文庫本を読んでいたという。しかし十四歳のとき父親が急逝《きゅうせい》してからは、生活もたいへんだったようで、大学院を中退してラジオドラマの台本を書いたり、三田文学の編集、サントリーの洋酒天国の編集を経て、文筆活動に入った。この「街のなかの二人」は三十三歳のときの作品になる。

「街のなかの二人」の男女は、一見幸せそうに五月の明るい陽《ひ》だまりのなかを歩いている。男性のほうは、すれちがう女性がふりかえるほど足が長く、体もたくましい。男チッチとはえらい違いである。男は翻訳家、女は母親といっしょに洋裁店を開いているという、いわば自立したカップルなのだ。

明るいシチュエーションが揃っているのにもかかわらず、彼らの会話は暗い。五年前に別れた男のもとへ女が訪ねていき再会する話なのだが、話のしょっぱなからあまりよい雰囲気《ふんいき》ではない。なにしろ私はめでたしめでたしの恋愛物語は大嫌《だいきら》いで、ハッ

ピーエンドになった瞬間、

「バカにするな」

と怒ってしまうのだが、どうも世間はそちらのほうをよしとするらしい。そうなるとこの女性のほうには幸福にならなければいけない、小説特有の理由がある。この男性と肉体関係があって、おまけに男性に懇願されて子供を堕《おろ》している。母と二人ぐらし、おまけにまだ彼に対して未練がある。これだけ女が自分のおかれた状況に耐えていれば、お昼の奥様向けドラマだったらハッピーエンドが約束されている設定である。彼女は、彼と並んで歩いていても、過去のことばかり思い出す。そして男のうなじをみて、ふと彼の髪の匂《にお》い、汗、精液の匂いがよみがえってくる。耳へのフハーッを思い出してしまうのだ。

「これはいかんなぁ」

読みながら私は思わずつぶやいてしまう。結局彼女は、男と肉体関係をもったことのみ今までひきずってきたのではないか。このパターンは昔から全く変わりがない〝女の弱点〟である。正直いってこういう状況が露呈されてくると、私などはもうお手上げで、

「またたわごとをいってる」

としか思えなくなってしまうのである。

私の友人にも全く同じタイプの女の子がいた。話をひとつひとつきくと、哀れで彼女はとても気の毒なようにみえるのだが、よく考えてみると単に彼女は過去の思い出をひきずって、それをいつも自分で反芻《はんすう》しながら自虐《じぎゃく》的なある種の喜びにひたっているにすぎないのである。男を自分の中にとりこむことが自分の幸せなのだ。

私はすんだことはすぐ忘れ、過去は一切後悔しない、これが元気に今日をすごすコツだと思っているので、いつまでもいつまでも昔のことをウジウジ考えているなんて全く信じられないのである。この本の彼女も彼の嫌《いや》なところはすべてわかっている。二人で歩いていても彼のひとことがチクリと彼女の心を刺し、嫌なことを思い出させられてしまうのである。それなのに、それなのに別れぎわ、彼女は、

「私には、やっぱりあなたがいなくちゃダメなの。私たち、やり直しましょう。きっとうまく行くわ」

などというのだ。

「こんなのでうまくいくわけないじゃないか。何考えてんだこの女は」

私もだんだん腹が立ってくる。そこまで男にすがる女の心境というのは、私もとりあえず女ではあるが理解できない。実はそうとしか思えない私のほうが不幸なのかも

しれないのだが。

二人は〝二度目のさよなら〟をする。女はうしろをふりかえり、男は現在《いま》からその先をみて生きているのだから当然である。相手を自分のものにしようと思うからそういうことが起きる。ところがこれは男と女の永遠のテーマなのである。十年前いや百年、もっと前からこれと同じようなことが行なわれている。

わかっているのにその中で身もだえする女や男をみて、そんなエネルギーがない私は、よくやるなあとそれをながめているだけであるが、もしかしてこの男女は、二人とも著者自身の姿で、彼が欲しかったのはそのエネルギーではなかったのか。虫を殺すのに凝っていて、人間を殺したいというそのたくましい男。過去をひきずりながら生きていかなければならない女――男はその〝過去の女〟を断ち切る。

山川方夫の断ち切りたかった過去は、十四歳で家長になった重責か、生涯《しょうがい》悩まされた宿痾《しゅくあ》か、それはわからない。ただわかっているのは、それが何であったかを私たちが知る前に、残念ながら彼が交通事故で、三十五歳の誕生日を迎える直前に急逝したことだけである。

7冊目　久生十蘭《ひさおじゅうらん》「キャラコさん」

清く正しく美しい人

剛子《つよこ》が自分の名をいうと、相手は、かならず聞き違えて、

「ああ、露子さんですか」

という。すると、剛子は、

「つゆではありません、剛よ」

と、丁寧に訂正する。父の希望のこもった大切《だいじ》な名を間違われるのはいやだからだ。つゆ子なんて名は、なにか病み細って、蒼い顔をしてうつむいている女の姿を連想させる。剛子はそんななよなよした女性は嫌いなのである。

剛子には、もうひとつ、「キャラ子さん」という名前がある。

「キャラコ」のキャラは、白檀《びゃくだん》、沈香、伽羅《きゃら》の、あのキャラではない。キャラ子はキャラコ、金巾《かなきん》のキャラコのことである。

剛子がキャラコの下着《シュミーズ》をきているのを従姉妹《いとこ》たちに発見され、それ以来、剛子はキャラ子さんと呼ばれるようになった。


「キャラコさん」より抜粋（「久生十蘭全集Ⅶ」三一書房版）

　私はけっこう家庭科の授業は好きだった。教師に魚を三枚おろしにせよといわれて当惑し、切れない包丁でゴシゴシやっているうちにどういうわけか四枚おろしにしていた。横で見ていた友だちが、

「うちのおかあさんがやっているのと違うみたい」

というので、あせってああだこうだこねくりまわしていたら、とうとうタタキになってしまったこともあったが、そういうドジをふんでもそういうことをやるのは面白《おもしろ》かった。

　浴衣《ゆかた》も縫わされた。布を縫っているよりも指をブスブスつきさしているほうが多いのではないかという手際《てぎわ》の悪さで、針目もあっちこっちてんでバラバラ、縫いあげたというよりも、ただ単にいろいろな形の布きれをとめつけたといったほうがいいような出来上がりだった。それは浴衣というよりも寝巻きだった。

「ああ、できた！」

とうれしくなって目の前に広げても、酔っぱらったような針目ばっかり目について、

「やっぱりこんなんじゃ着られないや」

と急に腹が立ち、押し入れの奥につっこんでおきたくなった。それなのに家庭科の教師は、

「さあ、みんなで浴衣をきて写真をとりましょう」

などと、とんでもないことをいった。私はこの家庭科の教師が好きではなかった。アダ名を洒落《しゃれ》イヤミといった。年齢は四十すぎで小柄《こがら》でヤセ型、マンガの「おそ松君」に出てくるイヤミにそっくりで、うす紫のフチのつり上がったニセダイヤがキラキラしているメガネをかけていた。着ている服はさすがに素敵だなと思ったが、なんせ根性が悪かった。授業がはじまる前に必ず、

「あたくしが学びましたお茶の水女子大では……」

と枕《まくら》をふった。そのたんびに私たちは、

「でたー」

といって机につっぷした。おまけにヒステリーで、調理実習のときに大根の葉っぱの先をゴミ入れに捨てたら目をつり上げ、頭のてっぺんから声を出して、

「なんてもったいないことをするんです!!」

とキーキーわめいた。そのくせ出来上がった五目炒飯《チャーハン》が見た目においしくなさそ

うだと、

「フン」

という顔をして、手もつけずに私たちの目の前でゴミ箱に捨てた。十分単位で性格が豹変《ひょうへん》するので、そのたびに私たちはあっけにとられていた。

だから浴衣記念撮影の提案にもみんな気のりしなかったが、彼女はいつになく上機《じょうき》嫌《げん》で自主的にカメラまで持ってきて張りきっていたので、これに逆らうとまたあのキーキー声をきかされるのかと思うとたまらず、おとなしくそれに従うことにしたのだった。

「やっぱり日本人は浴衣がいいわねえ」

そういいながら彼女は一人ではしゃいでいた。私たちは校庭の隅《すみ》っこで、みんなの目にさらされながら浴衣を着て汗をかいていた。五月の下旬だというのに夏のような暑さだった。私は髪の毛をうしろで一つにたばね、寝巻きのような浴衣姿でヌボーッと写される順番が来るのを待っていた。

「はい、次の人」

彼女はそういって私の姿を見るなりギャハハハと笑い、

「まあ、あなた、相撲部屋の新弟子みたいねえ」

といった。自分でもうすうす感じていたことを他人から指摘されると、どういうわけか腹が立った。

「フン、どうせ私はクラスの三デブを争ってるわよ。それがいったい何だっていうのよ!!」

といって首をしめてやろうかと思ったが、そうできないのが生徒の悲しさで、私はものすごい目つきをしたままカメラにおさまった。案の定出来上がった写真は、時代劇に出てくるゴロつきのようだった。それからますます私はその教師が嫌いになった。

あるとき彼女は授業中に、

「みなさんは、いくつ違いの男の人と結婚したいと思いますか?」

と胸の上に手を置いて私たちにきいた。みんなは口々に、やだぁ、とか、えーっとかいって、けっこうそういう質問をされてうれしそうだったが、私は一人で、

「下らないこときさやがって」

と、ふてくされていた。洒落イヤミは、片っぱしからしつこくこの件について答えさせた。どういうわけかみんな口をそろえて、

「二つか三つ違いがいい」

というのだ。どうしてそんなことというのか私には全然わからず、私は、

「結婚したくありません！」

といった。すると今までニコニコしていた彼女は急にキッとして私をにらみつけ、

「あーら、どうして」

と、メガネをずり上げながらいうのだ。私が黙っていると彼女は、

「女は結婚して子供を持たないと一人前じゃないのよ。私がなぜみなさんに家庭科を教えているかというと、いいお母さんになってもらいたいからなのよ」

と憤然としていうのである。

「子供嫌いだもん」

そうボソッというと、彼女はまた頭のてっぺんからキキーッと声を出し、

「んまあ、何ということでしょ。せっかく女に生まれたというのに……そんなの男と同じよ!! ハイ、次の人!!」

明らかに私は軽蔑《けいべつ》されてしまった。でも別に洒落イヤミの気に入られなくたっていいやと思った。

次々答えさせられていくうちに、カマトトのツネコの番になった。この子はやたらと先生にとり入るのがうまく、そのうえ人がいいクラスの男の子に気のあるそぶりをみせて、自分の手下のようにこき使っているような子だった。彼女はニッコリ笑って、

「はい、先生。私は六つ違いがいいです。どうしてかっていうとうちのお父さんとお母さんが六つ違いで、とっても仲がいいからです」

といった。洒落イヤミは我が意を得たりといったふうに満面に笑みをうかべ、

「まーあ、なんて素晴しいんでしょ。みなさん、ききましたか。ツネコさんのお宅の愛情あふれる生活ぶりが目にうかぶようですねえ。そうなのよ、子供は両親をみて育ちますからねぇ。でもツネコさん、あなたがそう思えるのは立派ですよ」

と私のほうをチラチラみながらベタベタに誉《ほ》めた。ツネコって何てイヤな奴《やつ》なんだろうと思いつつ、どうせうちの親は仲が悪いよ、だからどうだっていうんだ、と口に出していえない私は、腹の中でブツブツいっていた。その学期の成績は4から3になっていた。

新学期がはじまって、クラスの女の子が寄ってきて、

「あたしきのうクラブの先輩とバスに乗ってたら、偶然洒落イヤミの家の前を通ったの」

という。通りすがりに先輩が教えてくれた彼女の家は、木造の古い汚ない家で、玄関の前には雑草が六、七〇センチの高さに生い茂り、それをまたがなければ出入りできないのではないかというひどさなのだった。そのうえ自分が顧問をしていた家庭部

の部員を家に呼んで、料理を作らせたり、洗濯《せんたく》させたりしていたオールド・ミスであることも判明したのであった。

「何よ、エラそうなこといって。自分はいったいどうなのよ」

と私は誠に気分が爽快《そうかい》になり、授業で彼女がいくら、「整理整頓《せいとん》は家庭生活の基本」とかいっても、大きな指輪をしていい服を着ていても、腹の中で「あたしあんたがどういう生活してるか知ってるよ」とつぶやいてうっぷんを晴らしていたのだった。

「見栄《みえ》っぱりの女って嫌ですよねぇ」

と私はこの中学時代の話をある中年男性にした。そして彼が、

「この本を読んでみたら」

と、すすめてくれたのがこの「キャラコさん」だった。

久生十蘭は幻想的な作品を書く作家というイメージがあった。しかし「キャラコさん」を読むと、あまりに明るい作品なのでおどろいてしまった。「キャラコさん」というのはヒロインの十九歳のお嬢さんのアダ名である。元陸軍少将の末娘で父の恩給でつつましく暮らしている身分である。キャラコさんのアダ名の由来は、金持ちの従姉妹に、絹のシュミーズではなく綿（金巾《カナキン》）の下着を着ていたのを偶然みられてしまい、それで多少の軽蔑も含めてキャラコさんと呼ばれるようになった。それでも彼女

はそのアダ名を気に入っている。もちろんぜいたくはしない質素な家風もあったのだが、父親が、

「絹ではいかんな。木綿のような女でなくてはいかん」

と、いつもいっているので、自分でも汚れた絹の下着よりは清潔な木綿のほうがふさわしいと思っていたのである。

キャラコさんは、金持ちの叔母に品のない娘といびられ、プライドの高い従姉妹にスープを皿《さら》ごと投げつけられてもじっとガマンしてしまうような娘である。そのくせいつも明るく健気《けなげ》となれば、実のところこんな女の子いるのかしらと思う。かと思うと、突如大金持ちの身寄りのない老人から何億円という資産を相続したり、中性子放射の研究をしている若い科学者たちが寝泊まりする所へ勝手にくっついていっておさんどんをしたりと、少女マンガのストーリーじみた部分もあるが、もしかしたらこういうこともありうるかもしれない、というような気にもさせられるのである。

それはひとえにキャラコさんが美人ではない、というところに理由がありそうだ。アハハと笑うと奥歯が風邪をひくというくらい口が大きい。逆に彼女の眼《め》の前に美人がいても、うれしそうに、つい隣りにいってニコニコしてじっと顔をみてしまうくらい人がいい。そしてそういう美人に意地悪をされても、いいところばかり認めて、悪

いところはすぐ忘れてしまう性格なのであった。

私はこの本を読みつつ、正直いってこのキャラコさんは単に人がいいだけのアホな女の子じゃないかと思ったが、やはり読み終わると、

「うーむ」

と考えざるをえなかった。彼女は何をするにも無心で〝人に与える人〟だったからである。相手がどんな人であっても関係なく、パッとその場の状況だけで自分にできることがあれば人にしてあげてしまうのである。私のように、

「フン、いい気味だ」

とか、人を見下したりバカにしたりすることが死んでもない人である。今まで復讐《ふくしゅう》鬼《き》的な性格で生きてきたような気がする私などはこういったマザー・テレサのようなお話を読むと、コソコソとかくれたくなってしまう。

「あの女、見栄っぱりだわ」

といっても、自分がそうではないのかといわれると、全く同じことをしていたりする。この程度じゃ見栄っぱりのうちには入らないと思いつつ、どんどんエスカレートしていって、自分で気がつかないうちに真性見栄っぱりになっていくのではないかと不安になってしまう。そして自分のしたことと相手からされたこととを自分のなかで

しっかり損得計算していて、プラスとマイナスの帳尻《ちょうじり》があわないと、ひどく自分が損をした気分になって不機嫌になるということも思い出した。「くれない族」という愚かな主婦どもをバカにしても、自分だって、「○○さんは××してくれない」とか、「私がこれだけがんばっているのに誰《だれ》も優しいことばをかけてくれない」と思わなかったことがあっただろうか。

私は「キャラコさん」を読んでいるうちにだんだん自分が懺悔《ざんげ》をしているような気持ちになった。

自分は今まで無心で無償で、意地汚ない気持ちなしに何か行動をしたことがあっただろうかと思うと、八百万《やおよろず》の神にペコペコ頭を下げたくなった。本を出しませんかといわれると、原稿も渡してないのに印税計算をしてしまう自分がホトホト情けなくなってしまった。

「キャラコさん」に登場するのは事件の犯人であろうと高慢ちきな令嬢であろうと、とどのつまりはみんな善人である。しかし現実にはそうもいかず、どうしてもうまくいかない、素直に接することができない人間もいるから、そういう意味ではこの本は世渡りがうまくなったり、生きるための勇気がわいてくる本ではない。甘いなあと思える部分もあるけれど、本棚《ほんだな》にこういう本が一冊くらいあってもいいと思うのである。

8冊目　川端康成《やすなり》「山の音」

舅《しゅうと》は哀《かな》しい

保子は達者なせいかよく眠る。信吾は夜なかに保子のいびきで目がさめたのかと思うことがある。保子は十五六のころいびきの癖があって、親は矯正《きょうせい》に苦心したそうだが、結婚でとまった。それがまた五十過ぎて出て来た。

信吾は保子の鼻をつまんで振るようにする。まだとまらない時は、咽《のど》をつかまえてゆすぶる。それは機嫌《きげん》のいい時で、機嫌の悪い時は、長年つれ添って来た肉体に老醜を感じる。

今夜も機嫌の悪い方で、信吾は電燈《でんとう》をつけると、保子の顔を横目で見ていた。咽をつかまえてゆすぶった。少し汗ばんでいた。

はっきり手を出して妻の体に触れるのは、もういびきをとめる時くらいかと、信吾は思うと、底の抜けたようなあわれみを感じた。

枕《まくら》もとの雑誌を拾ったが、むし暑いので起き出して、雨戸を一枚あけた。そこにしゃがんだ。

月夜だった。

「山の音」より抜粋（新潮文庫版）

私が小学校四年生のときに、学校から帰ったら母親が、

「あしたから、おばあちゃんが来るよ」

と何の感情もこめずにいった。このおばあちゃんというのは父方の祖母で、今までは地方にいた伯父の家に同居していたので、私は小学校に上がる前に一度会ったくらいで、ほとんど行き来がなかった。私の父親は五人兄弟の末っ子で溺愛《できあい》されて育ち、そののちにも好き勝手なことをしてフラフラしていたので長男である伯父とは仲が悪く、それゆえに親類縁者とも孤立していたのであった。

ところが祖母が長男の嫁と折りあいが悪くなり、かわいい末息子のところへくることになったというわけなのだった。

「困ったわねえ、どこに寝てもらおうかしら」

母親はせまい家の中をキョロキョロ見まわしていった。当時私たちは、父親が全然仕事をやろうとせずに釣《つ》りばっかりしていたので生活ができず、家賃の安いせまい家に引越してきたばかりだったのだ。私たちは六畳二間と三畳の台所に小さくなって住

んでいた。母親はしばらく考えていたが、

「ねえ、あんたたち。おかあさんと寝るのとおばあちゃんと寝るのとどっちがいい」

と私と弟にきいた。

「ぼく、おばあちゃんがいい！」

弟は叫んだ。こいつはおばあちゃんに会ったときはまだ赤ん坊で、そのおばあちゃんたる人物がどういう人であるかよくわかっていないのである。弟がおばあちゃんがいいといったのは別に好きだから一緒に寝てもいいというわけではなく、単に母親とは寝たくないという理由だけだった。添い寝をしているはずの母親が、真先に自分が寝てしまい、そのうえまだ寝つけない弟の耳元でものすごい音量でガーガービービーいびきをかいてしまったことがあり、哀れ弟は無理矢理いびきをきかされ、次の日は寝不足で一日ボーッとしていたことを、幼な心にもしっかと覚えていたのであろう。

私はこの父方の祖母からは全く怒られたことはないのに、あまり好きじゃなかった。

母方の祖母はすぐ、

「何やってんだお前たちは！　言うことききかないと頭かち割るぞ!!」

といって追っかけてくる短気な人だったが、私はこっちのほうがずっと好きだったので、これはマズイと思って弟の袖《そで》をグイグイひっぱった。それなのにいつものんび

りしている弟はそうされても全くその理由がわからず、

「なあに、おねえちゃん」

と、ポーッとしているのだった。私は内心まいったなぁと思った。何を話していいかわからないし、そのうえ四六時中《しろくじちゅう》部屋の中にいるようになったらまるで監視されているのと同じことだった。しかしおばあちゃんが来るというのに、

「あたし、一緒に寝るのやだ！」

などという大胆なことはいえなかった。

「あっそ、それじゃ、あんたたちの部屋に寝てもらうことにしよう」

母親はうれしそうにいって、布団《ふとん》や枕《まくら》を陽《ひ》に干したりしていた。

翌日、父親につれられて、祖母がよたよたとやってきた。そのときすでに七十八歳、私はその姿をみて、またどのように接していいのかわからなくなった。祖母は私の父親のことをたあちゃんと呼んで、そばから片時も離れないのだった。

「二人におみやげがあるよ」

祖母はそういって、荷物の風呂敷《ふろしき》包みからゾロゾロとネックレスの親玉のようなものをひっぱり出した。

「あーら、いいわねぇ」

母親はわざとらしくいって私たちのそばに座った。祖母が私と弟にくれたのは腰ヒモを細く裂いたものに五円玉を通したネックレスだった。どの五円玉も手垢《てあか》にまみれ、金属のへんてこな臭《にお》いがした。

「これは毎日毎日小銭を貯《た》めてつなげて作ったんだよ」

祖母はニコニコしながらいった。

「まあ、これだけの長さにするにはずいぶんかかったでしょうねぇ」

母親はわざとらしくその不気味なネックレスを手にとって感心してみせた。

「そう、かれこれ三年かかったかねぇ」

三年間もずーっと五円玉をヒモに通し続けている姿を想像すると恐しくなった。

「あっ、そうだ、まだあった」

祖母はまたゴソゴソやっていたが、今度はセロファンに包まれたピンクや赤の固まりを私たちの手のひらにのせた。

「このあいだ近所の人からもらったのをとっておいたんだよ」

といっていた。よくみるとそれはバラや桜の花に形どられた干菓子《ひがし》だった。しかしこれまたタンスの中に長いこといれられていたらしくて樟脳《しょうのう》のニオイがひどく、干菓子を通りこしてミイラ菓子になっていた。

「んまあ、きれいねぇ」

また母親はとってつけたようにいった。

こんなニオイがするお菓子なんて食べられないなぁと思って手のひらの上にのせたままじっとみつめていると、祖母は、

「ほれ、遠慮しないで食べていいんだよ」

と私たちの心理状態を完璧《かんぺき》に無視した発言をした。おそるおそる母親のほうをみると、彼女は顔をしかめて一所懸命首を横に振っていた。

「ま、おばあちゃん、もうすぐ晩御飯ですからそのあとでいただきますね」

と今度はにこやかに笑って祖母にいった。あまりの変わり身の早さに私はビックリした。

「それもそうだ」

祖母がそういったので、私はホッとしてみつからないようにミイラ菓子をクズカゴの中に捨てた。これからのことを考えると面倒くさくなりそうでタメ息が出てしまった。

晩御飯のときも、テレビの前の特等席には祖母が陣取り、私たちはちゃぶ台のまわりで肩寄せあって座っていた。

「はい、きょうはおばあちゃんの好きなアジの塩焼きですよ」

そういいながら母親はみんなの前にアジがのったお皿《さら》を置いた。すると祖母は急に顔をしかめて、

「ホントに何も知らないんだから」

と、ブツブツいいつつお箸《はし》でアジをつっつきはじめたのだった。何をしてるのかとじっと見ていると、祖母は、

「いいかい、魚はね、頭を右にして皿にのせるんだよ。こんなこと知らないと恥ずかしいよ、まったく」

私はたしかお皿にのせたときは頭は左でいいんじゃないかと思って、

「おばあちゃん、左でいいんだよ」

というと急に怒り出し、

「いいや、ちがう！　右だ!!」

といい放った。

「ちがうよ、左でいいんだよ」

「いいや、ちがうったらちがう!!」

シワの中に埋没した目をカッと見開き、意固地になっているのだった。そしてとた

んに母親を見る目が冷たくなり、フン、と明らかにバカにしているようなそぶりだった。私は自分が間違えているくせに母親をバカにするような態度は許せないと思ったが、どうも年寄りというのは、自分が考えていることは絶対！　と思っているようだった。そして父親にむかって、

「たあちゃん、煙草《たばこ》買うお金は持ってる？」

といって五百円札を帯の間から出して手に握らせようとしたのを見て、とても気持ち悪くなった。

それからも祖母は毎日毎日父親のあとを、

「たあちゃん、たあちゃん」

といってくっついてまわった。そして母親に対してはどんどん意地悪になり、

「あたしゃ、こんな盛りつけのひどいもんは食べませんよ」

といって皿をつき返したり、掃除したあとを雑巾《ぞうきん》をもってあらためて拭《ふ》き直したりした。話によると祖母のほうが母親を気にいって何度も何度も実家に頭を下げて嫁にもらってきたというのに、どうしてイビるのか不思議で仕方がなかった。祖母の顔をみると腹が立った。だから一カ月後に、

「やっぱり帰る」

といって荷物をまとめて伯父の家に帰ったときはホッとして、もう二度と家に来ませんようにと神様にお願いした。

ところが昔のことならいざ知らず、今だに嫁と姑《しゅうとめ》の確執があるのは信じられなかったが、現に私の友人もそういう理由で離婚した人もいるから、これは永遠の争いなのだろう。

「山の音」に出てくる尾形信吾《しんご》は六十二歳の初老の男性である。妻と長男の修一、嫁の菊子と共に住み一見平穏な日々を送っている。若い頃《ころ》信吾は妻の美しい姉に恋心を抱いていたが、その姉が病死したために今だにその気持ちが忘れ難《がた》く、彼女の若い頃の姿を彷彿《ほうふつ》とさせる菊子の姿に心をゆさぶられている。修一が結婚して二年としないのに外に女を作っているのを知って、ふびんでならないという想《おも》いも交錯する。美しい姉とは全く似ていない妻との結婚も別段悔やんではいないし、面と向かって息子を叱《しか》りつけるわけでもない。気にはとめていてもノラ犬が子犬を産んだのをのんびりと眺《なが》めているような優しい男性である。

そこへ他家へ嫁いでいた娘の房子が二人の幼い女の子をつれて出戻《でもど》ってくることになり、だんだんと悩みの種がふえていった。信吾は正直いって娘を溺愛しているわけでもなかったし、孫である女の子もセミの羽を切ってくれといい出したりして残酷な生き物としか思えない。妻、息子、娘、孫にとりかこまれ、おまけに還暦の年に少し喀血《かっけつ》してからというものは死という問題まで目の前にちらついてくる。自分の思っていることと少しずつズレていろいろな事が起きて、その繰りかえしで年を経てきた人間の哀《かな》しさもある。そしてそれを唯一《ゆいいつ》癒《いや》してくれるのが嫁の菊子の姿なのだった。ところがそれも、房子が出戻ってきてからは、

「お父さんは菊子さんばかりかわいがる」

などというような嫌味《いやみ》をいわれるし、息子が囲っている女とも会って話をしたりして気分は落ちこむばかりで、またそれによって、菊子への想いもつのるという日常生活での繰りかえしだった。この本を読むと、男性は女性よりも〝家〟というものに責任を感じるがその重圧に耐えられなくなると、ふとそれを外のもの、自分の血とは全くつながってないものに求めるようである。

私の家はもともと一般的な家族というものから遠くかけはなれていたから、父親、という名称で呼んでも単に同居しているおじさんといったかんじだったので、一家の長たる男とは何であるかというのはよくわからないのである。しかしどういう性格の男性でも、とりあえず妻をめとり、子供をもうけて社会的に主《あるじ》として認められていても、何もかもおっぽりなげて、一人でどこかへいってしまいたいということがあるの

だろうし、自分の持っているテリトリーとは全く関係ないものへと心の淋しさを埋めるものを求めていくようなのだ。

ところが女性の場合はそれが外に向かうのではなくて、どんどんと自分が産み出していった血筋の中にのめりこんでいってしまうような気がする。いざとなると排他的になってしまう不気味さを持っている。だから今だに嫁と姑の確執が神世《かみよ》の昔から延々と続いているのではないだろうか。〝他〟というものを含めて自分の中にとり入れるというフトコロの深さが女性には欠けているようである。

信吾はもちろん簡単に嫁に手を出すようなヒヒ爺《じじい》ではない。おっとりと優しく、嫁である血のつながっていない若い娘の姿に胸をときめかしている、人間的にもとても信じられそうな誠実な男性である。それだからこそ、嫁への想いや、息子の囲っている女に手切金を渡して別れてくれとたのみに行ったことも、すべて許せてしまいそうな気がする。自分の胸の中で静かにいろいろな思いをめぐらし、そしていつかは死んでいくであろう、この初老の男性の姿は、日本のほとんどの〝お父さん〟〝おじいさん〟の姿であろう。昔から何ら変わらない日本の男の姿かもしれない。嫁と姑が女の永遠のテーマならば、〝家〟と自分というのが男の永遠のテーマなのではないか。

好きになればすぐ誰《だれ》かれかまわず手をつけてしまう小説が多いなかで、やはりこういった小説は、人間らしくてどことなく暖かみがあって、やっぱりいいなあと思わせる、淡々とした清潔な小説であった。

9冊目　森田たま「もめん随筆」

利口な女と聡明《そうめい》な女

七月の肌着はそれでは何かと問はれるならば、私は七月の海邊に見出す若い彼女等の皮膚それ自身こそと答へたいのである。もともと着物といふものは皮膚の一部ともいへるもので、同時に馴らされた裸の皮膚はすでに着物にちがひないのである。私は毎年夏がきて鎌倉の海へ行く度に、彼女等の海水着が年年ちひさくなつて、むきだしの皮膚の區域が年毎にひろくなるのを、好もしく眺めるのである。美しい少女ほどその皮膚も美しく、こまかなきめに桃のやうなうぶ毛の生えた栗色の肌は、殺風景な毛織の布でおほふにはあまりに惜しい心地がする。彼女等は出來るだけ多くその皮膚をあらはにして、人人の眼を愉しませるとともに、光と熱と空氣とを慾深くその肌に吸ひとつて、若樹のやうにすくすくと思ふ存分の呼吸をして伸ればよいのである。さういふ彼女等が夜は湯浴みをして、天與の肌着の上にもう一枚、秋草もやうのゆかたなぞ着けて、團扇を携へてうす暗い教會のあたりを散歩する姿は、これは又何といふ少女らしい優しさであるだらう。

「もめん隨筆」より抜粋（ぺりかん社版）

本を読むきっかけは何ですか、とよくきかれることがある。そういわれていろいろと考えてみるけれど、これだという出来事はなかったような気がする。ただ一人だけ、今から思えば私に読書の方向づけをしてくれた人はいる。それは中学校の一年生のときの担任の数学の先生であった。

私は数学が苦手だった。小学生から算数は全くダメ。中学生になった当初は自分がとてもえらくなったような気がして、数学だろうが何だろうが何でもできるような気分になっていたが、ダメなものはやっぱりダメだった。一番ダメな教科の先生が担任なので、私はいつもうしろめたい気がしていた。

先生は教科書を使わず、いつも自分でガリ版刷りで作ったプリントを持ってきて授業をした。チャイムと同時に教室に入ってきて教壇に立って一礼すると、私たちは授業の前に瞑想《めいそう》させられた。自分の手首の脈拍にあわせて、

「吸って、吸って、吐いて、吐いて」

という呼吸法をくりかえすのである。それを三分間続けたあとプリントが配られて

授業がはじまるといった具合だった。先生は五十前といったかんじの山羊《やぎ》のようなおだやかな人で、独身だった。高円寺のアパートに住み、テレビも新聞も見ず、おまけに瞑想までやらせるので、最初はみんなで、

「変な先生ね」

といっていた。しかし彼は変どころか実はものすごい人だったのである。国立大学からも教鞭《きょうべん》をとってほしいと誘いをうけているのにもかかわらず、

「子供が好きだから」

と、ずっとそれを断わり続けて中学校の教師をやっているのだった。

先生は私のように数学ができない生徒たちを見捨てることはなかった。だいたい、授業がわからない↓テストの点が悪い↓面白《おもしろ》くない↓やる気がなくなる↓さらに授業がわからなくなる、という繰りかえしでどんどん成績が落ちていくといった図式なのだが、彼は面白くなくなる前に私たちにブレーキをかけてくれた。第一回目のテストを返すとき、彼は必ず一人一人に声をかけた。私は七点。五十点満点とばかり思っていたのが実は百点満点と知って、我ながら愕然《がくぜん》とした。先生はテストを返してくれながら、

「お前はホントに、全く、もう……」

とニガ笑いをしていった。そういわれているのが男女とりまぜ十人くらいいて、お互いチラチラ見つつ、ハーッとため息をついてテスト用紙を前にしてうつむいていた。

「次の授業のときに、たっぷりおみやげをあげるから覚悟しておくように！」

そういわれてますます私たちの気分は暗くなった。おみやげといったら、山のような計算問題やら、○○を証明せよといったわけのわからない幾何《きか》の証明問題に決まっているからである。ところが私たちの手元に配られたのはいつも通りのガリ版刷りで、とても簡単な問題であった。

「ね、これ簡単だね」

といって、私と同じく〝お前は全く〟といわれた子のプリントをみると、その問題は私のとは違っていた。先生は一人一人の間違ったところと関連があり、前に解いたことのある問題を少し変えて個人別に刷ってくれたのであった。もちろん前に解いているから、少し考えればみんなできてしまうのであった。先生は私たちのようにモタモタしている生徒の席を一人ずつまわり、答えを書いてきたプリントを見ながら、

「大変よろしい。ここまでわかっているのだから、このあいだのテストで間違ったのがどうしてだかわかるな」

と、その理由がどこにあるかを気づかせてくれるのだった。

私たちみたいにボーッとしているのとちがって、シャカシャカ問題を解いてしまう頭脳明晰《めいせき》な生徒には、もう少しむずかしいガリ版刷りのプリントを渡し、生徒個人の程度に合った〝教科書〟を作ってくれた。だからそのプリントを忘れると他《ほか》の人から借りることもできず、みんな必死でプリント用の紙挟《かみばさ》みをもって学校にいった。そして「ふだんは学校にいるときだけ、一所懸命勉強して、家に帰ったら好きなことをやれ」といっていた。

英語の教師はできの悪い生徒を小バカにし、どんどん授業からおきざりにしていったし、国語の教師はすぐ漢字が読めない生徒を立たせて、ガーガー説教した。他の先生にそういう目にあわされて、授業のときに鉛筆すら手にせずに運動場を眺《なが》めていた生徒も、数学の時間だけは頭をボリボリかきながらも、とりあえずは授業に参加する意欲をみせていた。

ある日、先生はプリントの問題を私たちに解かせて教室の中を歩きまわっていたとき、私のそばに来ると小声で、

「キミは本が好きらしいね」

と唐突にいった。二、三日前にあった父母懇談会でうちの母親がいったのにちがいなかった。しかし私はそのころはロックに目ざめていたから本などほとんど読んでい

なかったのである。

「はあ……まあ……」

と曖昧《あいまい》に返事をすると、先生はまた小声で、

「森田たまっていう人のね、『もめん随筆』ってとてもいい本だから読んでごらん」

と、それだけいって教壇に戻《もど》っていった。森田たまなどという人の名前などきいたこともなかった。国語の授業のときに使う日本文学年表にも名前はなかった。ただ手元にたった一冊あった林芙美子《ふみこ》の「放浪記」の文庫本の巻末に〝もめん随筆　森田たま〟の名前があった。私は鉛筆でそこに丸印をつけたものの、読む気も起きずにそのまま放《ほう》っておいた。そして数学の成績も3のままずっと中学の三年間をすごし、高校に入学した。それからすぐにこの本のことを思い出し、本屋をあちこちまわってみたが見あたらなくて、どうやら絶版になってしまったようだった。絶版だといわれるとよけい読みたいという欲求がつのり、古本屋めぐりをしたりしたが、全く私の目にふれないまま年月はすぎ、私がはじめて「もめん随筆」を手にしたのは二十五歳のとき。数学の先生に教えられてから十二年もたっていた。

　森田たまという人は、十三歳で北海道庁立札幌《さっぽろ》高等女学校を受験して合格。しかし一年間病《やまい》に臥《ふ》して学校をやめ、その後雑誌に投稿した文章が認められて上京。十七歳

で婿《むこ》養子を迎える。しかし二十歳のときに自殺未遂《みすい》、二十二歳のときには人妻の身でありながら慶応大学生と恋愛し、再婚。十五年程筆はとらなかったものの、夫の実家の没落に加え、夫と共にはじめた商売もうまくいかず、三十八歳から再び筆をとり、「もめん随筆」は四十二歳のとき（昭和十一年）に出版された。その後六十歳のときには国際ペン大会日本代表として世界各国をまわり、六十八歳のときには参議院議員に当選、昭和四十五年に七十六歳の生涯《しょうがい》を終えた人であった。

　私は数学の先生がどうしてこの本を私に読めとすすめてくれたのかわからなかった。しかし読んでみて驚いたのは、これを書いた森田たまという人が明治二十七年生まれで、この本が昭和十一年に出版されたということだった。今の時代に生きている人、現代のことを書いているのではないかと思われるほど新鮮な驚きがあった。

　この中に、「愛情について」という一編がある。自殺未遂をしたときのことを思い出し、周囲からそそがれる愛情に耐えがたい重荷を感じるようになってしまったのは、一見親切のようにみえながら、実はそれはよけいなおせっかいだったのではなかったかというのである。母親が自分の子供を母性愛だなんだといって溺愛《できあい》（おせっかい）してしまうがゆえに、子供たちの成長の芽がつみとられてしまう。そしてこの母性愛が「曲者《くせもの》の中の曲者、仮面の中の仮面でなくて何でありませうぞ」。母親の偏愛が家庭にも社会にも悪影響を及ぼしている、とキッパリいい切られているのである。わが子を正しく生かすためには母親は何よりもさきに自分自身精神的に独立する事、そしてこれは夫に対しても同じで、妻が精神的に独立していないと家庭の色彩がまるでちがうと述べられている。「天道様《てんとう》へ御奉公」という精神がないとダメだという。そして「私は以前からときどきふしぎに思つたのですが、女の経済上の独立といふ事は非常にやかましく云《い》はれながら、精神上の独立といふ言葉を殆《ほとん》どきかないのはなぜであらう」。

この問題にしたって今どきの女性誌が何やらかんやら特集しているくらいで、この本が出版されてから五十年もたって話題にのぼるくらいだから、さぞやこの本は発売当時度胆《どぎも》をぬいたのではないかと思ってしまうのである。共働きの若い夫婦の妻のほうが悩んでいる。それは自分も仕事して疲れているのに夫のほうが何もせず、長火鉢《ながひばち》の前に座ったきりで、おい新聞、おい煙草《たばこ》、と奥さんをコキ使う。そして妻のほうが、私も働いているというとケンカになるため、仕事をやめようかどうしようかと悩んでいるというのである。

私は思わずもう一度「もめん随筆」が出版された年をたしかめた。この問題だって私の周囲で山ほど耳にすることである。この五十年間、女の悩みはあまり変化してないのである。こういうのを読むと、現代を生きている自分が文明社会に生きながら何の進歩もない人間のように思えてとても情けなくなる。著者は、

「職業婦人でありながら昔ながらのやさしい妻のつとめを果たそうとするのはよけいなおせっかいで、まちがった奉仕癖である。夫には自分のことは自分でさせよ。女が職業を持っていることに特殊な優越を感じ、夫への奉仕にも欠けるところがないと二重の優越感を抱くのは危険であり、悧口《りこう》だが聡明《そうめい》でない。どんなヤクザな男でも、そとで働いてきて、俺《おれ》は働いてきたのだと恩にきせるようなことは云わない」

と喝破《かっぱ》している。しかし私の周辺では、ダンナがそういうことばを吐いてケンカになるケースが多いので、著者からすればとんでもない男と映るだろうし、また私は働いているんだからと自分がエラい人間のように思ってしまう女がいるのもまた事実である。私がこの本を読んだ二十五、六歳のころがまさにそうだった。だからこの本を読んだとき、頭がガーンと殴られたような気がして思わず、うーんとうなってしまったのである。

「悧口だが聡明でない」

何て恐しい言葉だろうか。

この本を先生からすすめられたとき、すぐに読んでみてもきっと何が何だかわから

なかっただろう。そしてもう一つ不思議なのは、なぜ先生が、たかだか十三歳の小娘にこの本をすすめたのかということである。国語の先生というのならわかる。しかし数学の先生で、それも担任をうけもって半年くらいしかたっていなかったのに、どうしてだろうと思うばかりである。

後から同級生と話して知ったのは、先生から気配りしてもらっていたのは私だけではなかった。当時友だちとロックバンドを組んでいた男の子は、クラシック以外は悪魔の音楽だと信じきっている音楽教師に、不良だの、そんなことやってると脳ミソが腐るだのと悪態をつかれて、放課後の教室でガックリしていると、先生がやってきて、

「軍隊にいたときに覚えたんだよ」

といってハーモニカで「スワニー」を吹いてくれたのだという。彼はそのとき不覚にも泣いてしまったといっていた。そのほか数学の問題を解くのが好きな生徒には、授業とは別にガリ版刷りで幾何の証明問題を作ったり、絵を描《か》くのが好きな女の子にはさりげなく画家の話をしたりしていたときいて、私たちはまたしても驚嘆したのだった。当時同じクラスだった友だちと会うと、出てくる話題は先生のことばかりである。教科書を使わなくても、先生のプリント方式で勉強している私たちは旺文社《おうぶんしゃ》の模擬試験でもとても成績がよかった。私の成績ですら全国平均にするとまあまあのセン

までいっていたのである。だからますます先生には信頼が集まっていった。今、先生がご存命であれば七十歳近いはずであるが、どこでどうしておられるか全くわからない。私たちは先生の所在を捜し出しても、もしこの世にいらっしゃらなかったらと思うとたまらないので、そういうことをするのはやめようと話し合った。先生は将来私がつきあたるであろう問題を予想して、「もめん随筆」を教えてくれたような気がする。少しでも生きやすくなるために、嫌《いや》なことがあっても心にブレーキをかけることができるように、そうしてくれたのだろうと思わずにはいられないのである。

10冊目　田中英光「オリンポスの果実」

スポーツマンはかっこ悪い

男は女が自分に愛されようと身も心も投げだしてくると、隙だらけになった女のあらが丸見えになり堪《たま》らなく女が鼻につくそうです。女が反対に自分から逃げようとすればするほど、女が慕わしくなるとかきいています。そこに手練手管《てくだ》とかいうものが出来るのでしょう。

ぼくは羞恥に火照《ほて》った顔をして、ちょこんと結んだひっつめの髪をみせ、項《うな》垂《だ》れているあなたが、恍惚《こうこつ》と、なにかしらぼくの囁《ささや》きを待ち受けている風情《ふぜい》にみえると、再び毛の生えたあなたの脚がクロオズアップされ、悪寒《おかん》に似た戦慄《せんりつ》が身体中を走りました。

ぼくは夫迄《それまで》あなたへの愛情に、肉欲を感じたことがなかった。然しこの時、あなたの一杯に毛の生えた脚の、女らしい体臭に噎《む》せると、ぼくはぞっとしていたたまれず、「熊本さんは肥りましたね」とかなんとか、あなたの窶《やつ》れを気づかっていたつい最前の自分も忘れ、お座なり文句もそこそこに、立ちあがると逃げだしてしまいました。海を眺めに行ったのです。

「オリンポスの果実」より抜粋（新潮文庫版）

私の実家のそばに、某大学のラグビー部の合宿所とグラウンドがある。そこのグラウンドでは、いつもゴツくて汚ない男たちが、砂けむりをたてて、走ったり転がったりしていた。そしてそこにはいつも、フェンスにへばりつくようにして彼らの姿をみている女の子たちがいた。駅前に買物にいく途中、大学生だった私と母は、彼女たちの姿をみるたびに、

「あの子たち、いったい何なんだろうね」

とささやきあった。しばらくして、彼女たちはそのラグビー部の男目あてのファンだというのを知っておどろいてしまった。

私と母は、

「あんなほこりっぽい男のどこがいいのだ、グラウンドの姿だけみてるから、カッコイイと思うのよねー」

といって心の片すみで彼女たちをバカにしていた。

練習がおわると彼らはシャワーをあびて、道路を隔てたところにある合宿所に帰っ

ていく。ビーチサンダルをゾロゾロとひきずり、毛だらけのスネを丸出しにして誠にむさくるしいことこの上ない。しかし夏になると、もっとギョッとするような事件が起こるのである。

ある夏の日の夕方、グラウンド横の道を歩いていたら、いつものように男たちがゾロゾロ合宿所のほうへと歩いていく姿がみえた。私がだんだん近づいていくと、その中のひとりが、はっとしたように私のほうをみて、

「や、やばい」

といって突如走り出した。私は何がやばいのか理解できなかった。が、そのあとから続いてやってきた男たちの姿をみて仰天してしまった。五、六人の男どもが、毛ズネどころではない丸出しをしてこっちに歩いてきたからであった。私は思わず、

「ギャッ」

と小さくつぶやいて、全速力で走った。しかし何となく気になって途中で立ちどまり、そーっとふりかえってみた。彼らは車が通ろうがおかまいなしで、肩からバスタオルを下げたまま、悠長《ゆうちょう》に歩いているのだった。

「何なのだ、あれは！」

私は家に帰って母にそのことをいいつけた。

「そういえば、隣りの奥さんもおどろいたっていってたわ。あたしは、あの時間帯は買物にいくのに、そういうのに一度も出くわしたことはないわねぇ」

彼女は信じ難《がた》いというふうにつぶやいていた。ところが二、三日たって、大さわぎしながら買物から帰ってきた。

「ねえ、あたし、見たわよォ。でも、あれね、イザとなると恥ずかしくって、まともに見られるもんじゃないね、ハハハ」

何か根本的にカンちがいしているようであった。やはりそのブラブラ行列は近所から苦情が出たらしく、それ以来みられなくなってしまったが、それを知ってか知らずか、相変らずフェンスの金網にはたくさんの女の子がへばりついていた。同年輩の彼女たちの姿をみても、ただ私は、

「よくやるわい」

としか思えなかった。花束やプレゼントを手にして、丸一日ずーっと立ちっぱなしの女の子もいた。どうしてあんな薄汚なくて臭そうな男たちがいいのか、私は全くわからなかった。

そしてしばらくして、私が彼らを大嫌《だいきら》いになる、ある事が起った。その日、私は駅前にある書店にいこうと、いつものようにグラウンド横の道を歩いていた。すると合

宿所の窓から首を出した一人のニキビ面《づら》の男が、私のことを指さして、

「あっ!! 金太郎だ!!」

と叫んだのであった。私は反射的にすぐその場を立ち去ろうとした。当時私は横巾《よこはば》の広い丸顔にきっちりとしたオカッパ頭。岸田劉生《りゅうせい》の麗子《れいこ》像だのじゃりン子チエのヒラメちゃんだのと、いろんなふうにいわれていたのである。ところが大胆にも、あからさまに、

「金太郎!!」

などといわれたのははじめてで、正直いえば、

「恐れていたことが現実に起ってしまった」

というかんじだった。私が速足でツツッと立ち去ろうとしたら、今度は奥のほうからわらわらと男どもが出てきて口々に、

「なに、金太郎!! 金太郎はどこだ」

と、わめき出したのであった。

「えらいことになった、これはすぐ逃げなければ……」

私はあわてて走り出した。この件はこれで一件落着すると思ったのである。ところがそれは甘かった。何と走り出した私のあとをその男どもがサンダルばきで徒党を組

んで、口々に、

「金太郎、待てー」

と、はやしたてながら追っかけてきたのであった。思わぬ展開になり私はうろたえた。頭の中は、これからどうしたらいいのかということでいっぱいになった。走りながら、そーっと横目で道行く人々をみると、

「あの子はどうしたのか」

といった顔で、男どもと私を交互にみていた。

「そうだ。走るから目立つのだ。何喰《く》わぬ顔をしていれば、からかわれているのが私だとは悟られまい」

私は走るのをやめ、からかわれているのは私ではありません、といったふうに知らんぷりして歩き出した。

「おっ、金太郎が観念したぞ！」

後ろでまた声がした。私はつんのめりそうになった。男どもはますますつけあがり、

「金太郎、金太郎」

といいながら、手拍子まで叩《たた》きはじめたのである。私は好きな男に恋心を告白して無視された直後で、男どものわあわあはやしたてる声をききながら、

「そうだわ。私の恋が破れたのも、見てくれが、金太郎みたいだからだわ……そうだわ、きっと……」

そう自分で勝手に結論づけ、そう思ったら、悲しくなって涙が出てきそうになった。

男どもは本当にしつこかった。書店に着くまでの五分くらいの間、ずーっと、

「金太郎、金太郎」

と、わめき続けていた。私が店内に入ると外から中をのぞきこみ、

「あれ？　金太郎は何の本を買うのかな」

などといっていたが、完全に無視していたら、そのうち連れだって近くのラーメン屋に入っていった。男どもがいなくなってから、私はそこいらじゅうの本や雑誌を片っぱしから、ひっちゃぶいてバラまきたくなった。ゼーゼーと肩で息をしながら、

「今度やったら絶対許さないからな」

と復讐《ふくしゅう》の炎を燃やした。それから一カ月くらい、私の怒りは治まらなかった。あまりに悔しくて、ノートに、

「大男、ラグビーなければ、ただのデブ」

ということばをマジックインキで、でっかく書いて、

「このやろー」

と怒鳴りながらビリビリに破いてウサをはらした。それから私はラグビーをみると、どうもこの一件を思い出し、何となく不愉快になってしまうのだ。特に最近は〝楕円《だえん》のボールを追う男たちのドラマ〟だの、〝男と男の体のぶつかりあい〟だのと、やたらラグビーをやっている男たちを賛美しているようだが、そのたんびに私は、

「フン、なかにはとんでもなく性格の悪いのもいるわい!!」

と胸糞《むなくそ》悪く思っているのである。

それ以来私は、スポーツをやっている男は、明るくさっぱりとして、こまかいことにこだわらないイイ男であるという考えを捨てた。女は根本的にスポーツマンというのが好きである。私だって、スポーツマンはステキだとただ漠然《ばくぜん》と信じて疑わなかった。ところが例のラグビー部の男どものネチネチとしたしつこさ。ああ、思い出しても今だに腹が立つ。二、三年前からこのラグビー部は調子が悪くなっているが、きっと私の怨念《おんねん》がたたっているのだろうと、誠に喜ばしく思っている。

「オリンポスの果実」の主人公の坂本という大学のボート部の学生も、その外見からは想像しがたい性格の男である。身長六尺、体重十九貫の偉丈夫《いじょうふ》。ロスアンゼルス・オリンピックに出場するために渡米するだけの力がある男で、この本は同じオリンピックに出場する熊本秋子という女子学生に対する恋心を中心に、ボート部の仲間との

かかわりあいが描かれている。全篇《ぜんぺん》彼女に対して、

「好きだ、好きだ」

といい続けている、熱烈な思いを吐いた本でもある。

「うわー、女々《めめ》しい男だなぁ」

と思いつつ読み終わった一番最後の行は、

「あなたは、いったい、ぼくが好きだったのでしょうか」

思わずひっくりかえりそうになってしまった。

その体型、オリンピックに出場するボート部の一員とくれば、

「オレについてこい」

式の強引な男を思いうかべるが、彼は彼女と一緒にいたいのだが、それがままにならないと、

「花は咲くのになぜ私だけ、二度と春みぬ定めやら」

という歌をくりかえして歌うという、甘ったれの困った男なのである。図体《ずうたい》はでかいが中身が子供のため、他の部員たちにもことごとくいびられる。そのたんびに反論もせず、忸怩《じくじ》たる思いでうつむき、頭の上の嵐《あらし》が通過するのをじっと待っている。

そして自分の美意識に忠実な、ウルサイ男でもある。

「ぼくは前から、左側の瞼《まぶた》だけが二重で、右は一重瞼なのです。それを両方共、二重にする為《ため》には、眼《め》を大きく上に瞠《みは》ってから、パチリとやれば、右も二重瞼になる。それを、あなたと逢《あ》う前には、よくやって、顔を綺麗《きれい》にしようと思ったものです」

これが女性ならば理解できる。女が好きな男のために綺麗になりたいと思うのは当然だが、身長六尺、体重十九貫の男がそういうと思うと、

「ちょっと勘弁してほしい」

という気もする。だけどどうもこの主人公が憎めない。おっちょこちょいで気が弱いくせに見栄《みえ》をはりたがる男、それなのに好きな女の人に対しては異常なくらいに純情で、商売女のところへいっても、

「大事な人がいるから」

といって指一本ふれないで帰ってくる。そのくせ好きな彼女のスカートから伸びた足に生毛《うぶげ》がいっぱいに生えていたのをみると、それに嫌悪《けんお》を感じる。それまで彼女への愛情には肉欲を感じたことがなかったのに、生々しい生毛のはえた足をみて、ぞっとしてしまったくらい感受性が強い。

そういうくだりを読むと、彼の彼女に対する想《おも》いは、まだ大人になりきっていない、少年のそれである。だけどとてもかわいらしくて正直な、淋《さび》しがりやの男なのだなと

いう気もしてしまうのも事実である。仲間よりも自分のボートのテクニックが劣るという負い目。彼が彼女のことを好きだと知るや、「何回接吻《せっぷん》したのか」「お尻《しり》にさわったか」と、からかわれ、

「あんなキリギリスのような女のどこがいい」

といわれると、その場では何もいえず、あとで一人彼女のことを思い、悲嘆にくれる。ロスアンゼルスに行く途中、ホノルルで彼女のことをつづる紅《あか》い革の手帳を買い求め、他の部員にそれを読まれてしまうと、船のデッキから太平洋にむかって投げ捨ててしまう。森田健作もかくやというかつての清い青春映画そのものなのであった。

主人公をとりまくスポーツマンの若い人々は、みな元気がよくて、とても残酷である。とても無邪気に騒ぎ、人を好きになり、そして傷つける。私もあの金太郎事件がなければ、

「ふーん、そんなものか」

といった具合に、単なる気の弱い男が、好きな女への口に出せない想いをつづったものだとしか思えなかったはずである。しかしここには一つの場所に押しこめられてスポーツをやっている（やらねばならない）人の心のゆがみが感じられる。スポーツマンは必ずしも〝スポーツマン精神にのっとり、正々堂々と〟明るくさわやかな生活

を送る、いい性格の人ばかりではない。

私にとっては、まさに、

「ほーら、みたか」

というかんじのお話だったのであった。

11冊目　「寺田寅彦《とらひこ》随筆集」

自分の顔を見るのが怖い

この始めての自画像を描く時に気のついたのは、鏡の中にある顔が自分の顔とは左右を取りちがえた別物であるという事である。これは物理学上からはきわめて明白な事であるが写生をしているうちに始めてその事実がほんとうに体験されるような気がした。衣服の左前なくらいはいいとしても、また髪の毛のなでつけ方や黒子《ほくろ》の位置が逆になっているくらいはどうでもなるとしても、もっと微細な、しかし重要な目の非対称や鼻の曲がりやそれを一々左右顚倒《てんとう》して考えるという事は非常に困難な事である。要するに一面の鏡だけでは永久に自分の顔は見られないという事に気がついたのである。二枚の鏡を使って少し斜めに向いた顔を見る事はできるだろうがそれを実行するのはおっくうであったし、また自分の技量で左右の相違をかき分ける事もできそうになかった。

「寺田寅彦随筆集1」より抜粋（岩波文庫版）

私は幼い頃《ころ》から、自分の顔には強い不満を持っていた。さすがに三十すぎた時点で、「仕方ないわ」と、あきらめたが、やはり写真で自分の顔をみるとガックリする。その元凶は一重マブタである。

小学校低学年の頃は鏡を見るたびにタメ息をついた。「何とかこの幅広いマブタの上に、スジがつかないものか」と、いろんな方法を試みた。ヘアーピンのお尻《しり》でヒマさえあればマブタをこすっていたら、マブタが真赤に腫《は》れ上がった。セロハンテープを三日月形に切り、マブタの上にはりつけた。このままにしておくと、クセがついて二重になるというのである。ところが、まばたきするためにだんだんその三日月が端のほうからはがれてくる。マブタの真ん中でクルリとまるまった三日月形セロハンテープが、へばりついている始末だった。

中学生になると塗っただけで二重マブタになるという液体を、せっせとお小遣いをためて買った。使用法を読むと、液体をマブタに塗り、添えてある棒でマツ毛のはえぎわからマブタを押し上げろというのである。その棒というのは、昔、物干し台に物干しざおを上げる時に使っていた、フタマタに分れた棒と同じ形をしていた。私は能書きどおり、マブタに液体を塗り、小さい物干し棒でマブタを押し上げた。液体は単なる接着剤みたいなもので、私はそれが乾くまでじーっと待っていなければならなかった。

「本当に二重になるんだろうね」

私はきちんと正座して必死の思いで鏡をのぞきこんでいた。

「おっ、やった、やった」

しばらくガマンしていたら、やや不自然ながら二重になった。あまりにうれしくてパチパチまばたきしていたら、突然マブタの上でプリッという音がしたような気がした。あわてて鏡に近づいてみると、私の筋肉の動きのほうが、接着剤の力よりまさり、いつもの一重マブタに戻《もど》ってしまったのであった。本当に気分が暗くなった。

鏡の前でゴソゴソやっている姿を見て、母親は、

「あんた何やってんの、さっきから」

と、あきれた顔をしていった。

「あたし、どうして一重マブタなの」

そういうと母親はウンウンとうなずきながら、

「そうなのよねえ、あたしもずっと変だとは思ってたのよ。両親は二重なのにねえ……。でも大丈夫よ。あんたはおばあちゃんそっくりの甲高幅広の足してるから」

と何のなぐさめにもならない言葉を吐いて、去っていった。

もう一度鏡をみると片っぽ二重、片っぽ一重マブタの私がいた。手のひらで片目ずつ隠してみると、やっぱり二重マブタのほうがいい！

「二十歳になったら整形しよう」

と決定し、誕生日祝いにもらったピンクのブタの貯金箱に〝整形貯金〟と名付けて、再びせっせとお小遣いを貯《た》めようとした。しかし、百円、五百円単位の貯金では資金が貯まるまで何百年かかるかわからず、いつのまにか挫折《ざせつ》した。

「一重マブタで何が悪い‼」

私はそういいながら、ブタのお腹《なか》のところにある、お金を出す穴にバッテンにとめつけたばんそうこうをバリバリとはがし、中からお金を掻《か》き出してレコードを買ってしまった。

考えてみれば、誰《だれ》も一重マブタで悪いなんていっていない。自分自身が悪いと思っ

ているだけなのである。しかしそれが一番始末が悪い。ホコリっぽい日、目にゴミが入って痛くて涙をポロポロ流していると、

「あーら、そんな目でもゴミ入るの」

と不思議そうにいわれて傷ついた。

近所のおばさんに、

「まあ、大きくなって。お人形さんみたいねえ」

といわれて大喜びしたら、人形といっても京都のおたべ人形で、泣きたくなった。誰もフランス人形に似てるなんていってくれなかった。

「ばーか、あんたがフランス人形なわけないでしょうが」

母親は製作担当者のくせに私の心中を慮《おもんぱか》ることなどせずに、つっぱねた。

「上をみたらキリがないんだよ。自分の顔でいいところばかりを考えていればいいの」

「だって、あたし鼻も低いし、下ぶくれだし、気に入ってるとこなんかないもん!」

母親はじーっと私の顔をみつめ、

「うーん」

と、しばらくうなっていたが、

「あ、そうだ、晩ごはんのしたくしなきゃ」

といって冷たく去っていった。

傷心を抱いて高校に入ると、ますますその思いは強くなった。初対面にもかかわらず、私は男の子や女の子に、

「どっかで会ったような気がする」

といわれた。そういわれると、友だちの家でかしら、とかどこかコンサート会場で会ったのかしら、と気になったがお互いどこだかわからない。

「やだねえ、こういうことってつまらないことだけどはっきりしないとイヤなんだよね」

といっていた。

ところがある日、私たちが日本史の授業をうけていると突然、同時に、

「アッ!!」

という声がした。どうしたのかと思ったら、そのうちの一人が私のほうにふりむき、日本史の教科書を指さして、声を出さずに口だけパクパクやっている。何をいっているのかとじっとみていると、

「そっくり、そっくり」

といっているらしい。指さすページを捜してみると、そこには吉祥天女《きっしょうてんにょ》像の写真があった。私は急に不機嫌《ふきげん》になった。本人の目からみても正直いってそれは私によく似ていたからであった。授業が終わると、みんなドヤドヤとやってきて、

「どっかで会ったことがあると思ったら、これだった。アッハッハ」

と私をとり囲んで笑った。

「生まれてくるのが遅すぎたねえ。天平時代に生まれてたら絶世の美女だったよね」

みんな人の気も知らないで、いいたいことをいった。

「そうね、ちょっとマズッたわね」

一緒になって笑いながら、私の心は深く傷ついていった。

日本史のテストのときも、先生がテストを返しながら、

「このクラスはどういうわけだか、吉祥天女像のところだけは良くできてましたね」

といわれて、みんなが私のほうをみてニヤニヤ笑うなかで赤くなってうつむいていた。

それ以来、一重マブタコンプレックスはつのるばかりであった。巷《ちまた》でどんなにブスだといわれている人でも、どんなに鼻がぺったんこな人であろうと、二重マブタであれば私にとっては美人なのである。ファッション雑誌で二重マブタになる！　という

広告があるとつい見てしまう。いけない、いけない、と思いつつも美容整形外科の先生のお話などというのもじっくり読んでしまい、

「親からもらった体に、傷をつけようとするなんて、何という愚か者だ‼」

と自分を叱責《しっせき》して、また暗い気分になってしまうのである。

私は自分の顔に自信のある人っているのかしらと考えることがある。私からみて何の欠点もない美人でも、他人が気がつかないようなことを悩んでいて驚くことがある。その反面、それほど整っているとも思えないのに、非常に自信を持っている人もいる。彼女は友だちをつかまえては、自分がいかに美人であるかということを、エンドレステープの如《ごと》く繰りかえすというのである。私はそういう人が正直いってうらやましい気がする。いつも嫌《いや》だ、嫌だと思っているよりはずっとマシである。写真をとられることが好きな人の神経は、未《いま》だよくわからない。それに自分で自分の顔を描《か》ける人というのも私にとっては、ものすごいことになる。学校の授業で無理矢理描かされたことがあったが、どうやってみても全然似ることがなく、結局は提出するのをやめてしまった。

寺田寅彦は病気後の趣味として、学生時代に一度やめてしまった油絵をまたやり始めることにする。それは、

「自分の描いた絵を見たい」

というのが一番の理由だった。手あたりしだい手近なものを描いてみた。それによって今まで、布団《ふとん》の中で本ばかり読んでいたのが、外からの光を浴びて部屋の中の色が変化したり、思いもよらないものが美しい色を放っていたりして、恐れすら感じるようになる。野外の風景を描きたかったのだが、病後ということもあり、仕方なく、反感すらもっていた自画像に手をそめることになってしまう。しかし、鏡で自分の顔をみてみると、顔色が悪くて冴《さ》えない。それでいっぺんにやる気が失《う》せてしまった。また別の日鏡をみると、今度は別人のように晴ればれとした顔をしているので、早速下図を描きはじめることになる。寺田寅彦のような人でも、少しでも良い顔を残しておこうとする件《くだり》を読んで、私は少しホッとした。そして、思ったより簡単に出来て愉快になった彼がその自画像を家族にみせて回ると、似ているといわれたり似ていないといわれたりした。

自画像を描く行為のなかで、彼は、

「鏡の中にある顔が自分の顔とは左右を取りちがえた別物である」

ということに気がつく。そして一作目、二作目、三作目と描くにつれ、顔の大きさやその他の細部に至るまで、

「われわれはほんとうの自分の顔というものは一生知らずに済むのだという気さえした。自分の事は顔さえわからないのだ」

と思う。

私はこの随筆を読んで少なからずショックをうけた。他人が私の写真をみたとき、

「これ、とってもよく撮れてるわ。あなたらしいわね」

と、ほめてくれる写真はたいてい、細目、下ぶくれの、私が大嫌《だいきら》いな写真である。

「今度のはよく撮れてるな」

と内心ほくそえんでいる写真に対しては、「顔がキツくなってる」だの「緊張しているみたい」と評判がよろしくない。私が一番嫌いな顔をみんなが一番良いと思っていることと、

「自分の顔は自分ではわからない」

ということばが、ますます私の一重マブタコンプレックスに追いうちをかけ、ガックリきたのである。しかし考えてみれば自分のことをどこか良いと思ってくれれば、自分の意志と反してもそれでいいではないかという気もしてきた。もちろんこれは単に顔の造作や体型のことばかりではない。私は大胆な性格とは裏腹に、へんに小心ですぐ自己嫌悪《けんお》に陥る。コンプレックスが強くて自分ではとても嫌な性格だと思う。友

だちがよく十年以上もつきあってくれていると思う。あまりに自分のことをつきつめて考えすぎると、とんでもない人間のような気がしてくる。だけどこの随筆をよんで、

「ああ、そうだったのか」

とあらためて気づかされた感があった。

自分とはいったい何ぞや、と考えてみると頭にうかぶのは欠点ばかりである。

「落着きもない、情緒もない、〇〇もない」

ないないづくしの、吉幾三《よしいくぞう》の歌のような性格である。自分のなかで確固たる自分の姿を作り、それを自分でみつめては、

「あーあ、嫌だなあ」

と、ため息をついてうつむいてしまうのである。いくら友人に、

「そんなに気にすることないわよ」

となぐさめられても、

「そうかしら……」

と、まだ心の傷はぬぐえない。ただ自分だと思って自分が作りあげた私が、他人からみたら必ずしも作りあげた私ではない、としたら気が楽になった。

この文章は単に、自画像を描くにあたって目の形や鼻の形がうまく描けないので困

った、というだけの話ではなかった。鏡の中の別物の自分に翻弄《ほんろう》されながらそれを見すえてカンバスに本当の自分を描き出すというのは、写経《しゃきょう》と同じように何て哲学的なんだろうとしみじみ感じたのである。

12冊目　谷崎潤一郎「瘋癲《ふうてん》老人日記」

老人は枯れているか

十七日。昨日ノ続キ。

予ハ最初、予ガ何ノ目的デ颯子ノ足ノ裏ヲ拓本ニ取ルカヲ、彼女ニハ秘スルツモリデアッタ。彼女ノ足ノ裏ヲ佛足石ニ彫ラセ、死後ソノ石ノ下ニ予ノ骨ヲ埋メテ、ソレヲモッテ予トイウ人間、卯木督助ノ墓ニ代エルトイウ案ハ、颯子ニモ知ラセナイ方ガイイト考エテイタ。シカルニ昨日急ニ気ガ変リ、彼女ニ打チ明ケタ方ガイイト思ウヨウニナッタ。ソレハ何故デアルカ。何ノタメニ颯子ニ心ヲ明カシタカ。

一ツニハ、ソレヲ打チ明ケタラ彼女ガドンナ顔付ヲシ、ドンナ心理状態ニ陥ルカ、ソノ反応ヲ見タイト思ッタ。次ニハ彼女ガ、ソレヲ知ッタ上デ、自分ノ朱色ノ足ノ裏ノ形ガ白唐紙ノ色紙ノ上ニ印セラレルノヲ見タ時ノ彼女ノ心持、ソレヲ知リタイト思ッタ。

「瘋癲老人日記」より抜粋（中公文庫版）

私が音楽雑誌の編集をしているころのことであった。原稿を受け取って、私は西新宿の裏道をトボトボと歩いていた。この西新宿の裏道というのは時折不気味な人々が通ったりするので、歩いていても四方八方に目配りしていないと、とんでもないことになる。以前、同じ編集部の若い女の子が原稿をもらってこのへんを歩いていると、中年の男に白昼堂々腰をタックルされて道路に転がされたという出来事があり、それからどういうわけか私がこの地域担当になったのである。

「あのー、私もとりあえず女なんですけど」

と社長にいっても、彼は、

「お前なら平気だ！」

といって、押し通すのである。

その中年男にタックルされた女の子というのは、身長一六〇センチ、体重五八キロ。学生時代は水泳選手だったという、いかり肩のたくましい筋肉質の人である。かたや私は身長一五三センチ、体重四九キロ、なで肩で尻《しり》がでかいという日本人体型である。

どうみたって私が彼女のかわりになるわけがない、と思っていたのは私一人だけのようであった。編集部の誰《だれ》一人として、私のことをかわいそうだといってくれる人などいなかったのである。それだけでなく、

「ああ、これでもう安心だ」

と、ホッとしたような顔をしてうなずいたりしているのである。私だって女だ。いつ何どき、この私に魔の手が伸びてくるかわからない。そうなったら、このかよわい私はいったいどうしたらいいのだ！と訴えても、みんな、

「フフン」

と鼻の先でせせら笑っているのだった。私はムッとして、

「どうして私が行かなきゃならないんですか！」

と怒鳴った。

「だって、キミ、痴漢を逆襲したことあるんだろ」

私が編集部の中で一番嫌《きら》いな、イナゴみたいな顔した男がうす笑いをうかべながらいった。こいつは、私が学生時代に痴漢を泣かしたことがある、といったのをしっかと覚えていたらしい。

「フン、下らないことをいつまでも覚えおって……」

私は腹の中でブツクサいっていた。たしかに痴漢を泣かしたことはある。それは別に首を両手でしめて前後左右に揺さぶった、とかいうことではなく明らかに不可抗力であった。電車の中でお尻をさわられ、

「何すんのよ!!」

といってショルダーバッグをブンブンふりまわしたら、角が痴漢の脳天に命中してしまってテキが勝手にその痛さに泣いただけである。

「とにかく私、そんな所にいくのイヤです」

そう必死に抵抗しても、みんなしらんぷり。

「平気、平気、お前がギリッとにらめば痴漢だって逃げるから、ハッハッハ」

社長は笑いながら私の肩を叩《たた》いてどこかへいってしまった。いくら私がギャースカわめこうが、編集部の五人による四対一の多数決で決まってしまったのであった。

私が危惧《きぐ》したとおり、西新宿では不可解な人に声をかけられた。真赤なプリントのワンピースに背広、片方はイボつき健康サンダル、片方は赤いハイヒールという姿の路上生活者のおじさんには、

「海を見にいかない」

と、誘われた。京劇のような化粧をした、目つきのあやしい出ッ歯のおばさんには、

「ねえ、ちょっとそこで遊ぼうよ」

といわれた。そういう人々に出会うたび、無関心を装《よそお》いつつ足早に去った。私は会社に帰るたんびに、

「こういうことがありました!!」

と逐一嫌味《いやみ》ったらしく報告していたが、女の子の、

「あーら、私のタックル事件から比べれば」

という一言で全然相手にされなかった。だから西新宿に原稿を取りにいくたんびに、私は周囲の人々と顔をあわさないように、ジョギングに近い速度で走りぬけようとしていたのだった。

その日の原稿受取りは夕方になってしまった。夕方になると、電信柱の陰で男同士が抱きあっていたりして、思わずのけぞってしまうのである。いつものように私は、

「何事が起っていても、私は関係ない」

と、ブツブツいいながら息を切らせていた。すると向こうから、珍らしくきちんとした身なりの品のよい老紳士が歩いてきた。遠目でみてもキリッと背すじがのび、さぞや昔は美男子だったであろうと思わせる風貌《ふうぼう》と上品な雰囲気《ふんいき》で、

「今どきこんな素敵なおじいさんがいるのか」

と驚いた。彼はゆっくりと杖《つえ》をつきながら近づいてきた。そして私の前に立ち止まり、ボソボソッと何事かつぶやいたのである。

「はっ?」

私は道でもきかれたのかと思ってききかえした。すると彼は表情一つ変えずに、私にむかって何と、

「イッパツ、ヤッカ?」

といったのであった。私は一瞬仰天したが、これは絶対私のきき違いだと思い、もう一度、

「何ですか?」

ときいてみた。すると同じように彼は、

「イッパツ、ヤッカ?」

と、くりかえすのであった。

「へっ?」

反射的にききかえしても言うことばはすべて同じ、そのひとことのみなのであった。私は何たることだ、と嘆いたのと仰天したのとが一緒くたになって、ヨロヨロと新宿駅にむかって歩いていった。そーっとうしろをふりかえると、その老紳士は杖をつい

たままゆったりと歩いていってしまった。

私は、目つきのあやしいおばさんよりも中年男のタックルよりも、もっと激しいショックをうけた。こういっちゃナンだが、いかにも助平そうな脂《あぶら》ぎったおじさんや酔っぱらい、接するのは床に敷いた段ボールだけといった路上生活者のおじさんにいわれたのなら、

「ああ、びっくりした」

くらいですむが、私の頭の中に渦《うず》まくのは、「まさか」「なぜ」「どうして」ということばだけであった。身なりがよくても下品さを漂わせている人は数多くいるが、本当に口を開くまでは彼は完璧《かんぺき》な紳士であった。何年か前に、

「一杯やっか」

という酒のコマーシャルがあったが、

「イッパツ、ヤッカ」

などと生々しくいわれたのははじめてであった。

「これからは中年の脂ぎったおじさんだけではなく、おじいさんにまで注意しなければいけない」

と私は納得せざるをえなかったのである。

それからのち、たまたま谷崎潤一郎の「瘋癲《ふうてん》老人日記」を読んで、私は老人というものを侮《あなど》っていたことに気がついた。この本の主人公、日記の主は七十七歳の老人である。妻は健在で、家に運転手がいるところをみると相当の家柄《いえがら》の人なのであろう。まず、彼は、性的な交渉ができなくなってから、女装の美少年に興味が出てきてしまった。しかしそれよりももっと興味があるのは、息子の嫁である颯子《さつこ》という女であった。颯子は少し意地悪な性格で、もと踊り子というプロポーションのきれいな女である。

川端康成の「山の音」の主人公の老人が静のタイプなら、こちらのほうは明らかに動である。大らかにマゾヒスティックに、嫁と自分との関係を楽しんでいる。自分の顔はすでに酷《ひど》く汚ならしくなってしまったのは重々わかっている。人間はおろか猿《さる》だってこんなに酷くないと思っている。こんな顔で女に好かれようなんて馬鹿《ばか》なことを思うわけはない。しかし、

「全クソンナ資格ノナイ老人デアルコトヲ自分ミズカラモ認メテイルニ違イナイト、ソウ思ッテ世間ガ安心シテイルトコロガ附ケ目デアル」

と思っているのである。そして生きている限りは異性にひかれずにはいられない、という心に忠実に、大胆にも颯子ににじり寄っていく。また、この颯子という女もそ

れを楽しみ、入浴中に老人を風呂場《ふろば》に招き入れて背中を拭《ふ》かせたりする。つい老人が欲望に負けて裸の肩にキスしてしまったら、生意気だといってビンタをくらわせる。そのくせこの嫁は足の指やらあちこちこの老人になめさせて、その代わりに三百万円のキャッツアイの指輪をねだって買わせてしまうという、あまり育ちのよろしくない女なのである。しかし老人はこの意地悪さがたまらないといった、典型的なサドマゾ一家のお話というかんじもするのだが、少しも下品と思えない。それよりも、ユーモア小説を読んでいるような気さえしてくる。この老人は徹底的に三枚目である。嫁の足の裏をなめたいがために、ついついデバガメ根性を出して不自由な体にもかかわらず風呂場にいってしまうという、「いやらしいわね」と思いつつも、「しょうがないおじいちゃん」と、笑ってすませてしまえるような雰囲気がある。彼の頭の中にあるのは〝嫁の足の裏〟だけである。自分の娘の借金は断わっても、嫁の足の裏のためには、ポンと三百万円出してしまうのである。

思い出してみると、私が子供の頃《ころ》にも町内で有名なおじいさんがいた。ボケたふりして堂々と女湯に入ってきて、ひととおりぐるっと眺《なが》めまわしたあと、悠然《ゆうぜん》と去っていく。近所の人が家族にたずねると本当にボケているのだという。しかしボケているわりには毎日毎日やってきて、しっかりと裸を観《み》ていくのであった。もしかしたらこ

のおじいさんも、

「世間が安心しているところがつけ目」

と思っていたのかもしれない。唐突に私に声をかけてきた老紳士も、見目かたちはどうでもいいから、ただ自分の孫くらいの女と遊びたい、ということで頭の中が充満していたのだろう。またそういうことがサラッとできてしまうというところが恐しい。

私は老人というものは、すべてが枯れてしまっていて、欲望も何もなくただ淡々と日々を生きている、すべてを超越している人たちだと思っていた。しかし実際は、私たちと同じように、向上心もあり、欲望もあり、ねたみもそねみもすべて兼ねそなえているのだが、それを静かに内に秘めてちょっとやそっとじゃ他人に悟られないようにしているのではないだろうか。毎年敬老の日に、女のレポーターが、とってつけたような猫《ねこ》なで声を出して、

「おじいちゃん、お元気でよかったですねえ」

などといっている。いわれた老人は、今まで長い間生きてきて世の中がわかっておられるから、

「はい、ありがとうございます。本当にありがたいことだと思っております」

と、ごあいさつなさったりしているが、実は腹の中では、

「口先だけで何をいっとるか、このバカメが」

と思っているかもしれない。老人パワーはスゴイとか、いつまでも元気なおじいちゃんたちといった具合に、ゲートボール愛好会が紹介されているが、この老人パワーなるものは、今になって突然老人が元気になったわけではなく、私たちがそれに気がついていなかっただけではなかったか。

「老人には何の意欲もないから、何をしても無駄《むだ》だ」

という考えで、まさに残された余生を静かに送るものだ、という先入観でしか彼らを見ていなかったような気がする。社会の輪の中からリタイヤしてしまった人々としかみていなかった。しかし老人たちにもやりたいことがたくさんあったはずである。一方的にこっちの考えを老人たちに押しつけて彼らのやりたいと思っていることの芽をつんでしまったのではないか、という気がせざるをえない。誰も、老人が生き生きと私たちと同じように喜怒哀楽を持って生活することを助けようとはしなかった。もっともっと彼らは楽しく暮らせたはずである。あれだけ子供を甘やかすのなら、その愛情の何分の一かを彼らに分けてあげることができたら、老人たちを邪魔にすることもなく一緒に楽しく生活できたはずである。

体の機能が衰えるのは仕方ないが、精神的には私たちと同じように生々しい。〝女は灰になるまで何とやら〟といわれるが、男だって同じである。この本をよんで、それをヒヒジジイだのインランババアだのというのは、誠にもって気の毒だという気がしてしまったのであった。

13冊目　尾崎翠《みどり》「第七官界彷徨《ほうこう》」

隣りの家の小さな秘密

この家庭では、北むきの女中部屋の住者であつた私をもこめて、家族一同がそれぞれに勉強家で、みんな人生の一隅に何かの貢献をしたいありさまに見えた。私の眼には、みんなの勉強がそれぞれ有意義にみえたのである。私はすべてのものごとをそんな風に考へがちな年ごろであつた。私はひどく赤いちぢれ毛をもつた一人の痩せた娘にすぎなくて、その家庭での表むきの使命はといへば、私が北むきの女中部屋の住者であつたとほり、私はこの家庭の炊事係であつたけれど、しかし私は人知れず次のやうな勉強の目的を抱いてゐた。私はひとつ、人間の第七官にひびくやうな詩を書いてやりませう。そして部厚なノオトが一冊たまつた時には、ああ、そのときには、細かい字でいつぱい詩の詰まつたこのノオトを書留小包につくり、誰かいちばん第七官の発達した先生のところに郵便で送らう。さうすれば先生は私の詩をみるだけで済むであらうし、私は私のちぢれ毛を先生の眼にさらさなくて済むであらう。

「尾崎翠全集」より抜粋（創樹社版）

　私は子供の頃《ころ》から、散歩しながらよその家の窓を通りすがりにチラッとのぞかせていただくのが好きだった。あるときは、家族がその部屋に集まって、笑いながら食事をしていた。楽しそうな子供の声と優しそうな父親と母親の声がしていた。そういう家族団欒《だんらん》を味わったことがない私は、

「よその家は、ああいうものなのか」

と思った。ある家では、母親がヒステリーのキンキン声を出して、

「だから、いつも勉強しなさいっていってるでしょ!!　何度いったらわかるのよ!!　遊んでばっかりいて！　勉強しないといい学校いけないんだからね!!　こんな点じゃお母さん恥ずかしくて授業参観にいけないわ!!」

と、わめき散らしている。自分自身の声をきいてまた興奮してきたのか、だんだん語尾が震えてきた。

詰問《きつもん》されているらしき子供のほうは、ボソボソと全く元気がない。

「聞こえないわよ!!　お母さんにあやまんなさい!!」

こういう親と子の切羽詰った会話をきかされると、子供ながらだんだん心が痛み、道ばたの石ころで遊ぶフリをしながら、

「これからどういう展開になるのだろう」

とドキドキしながら、私の目には見えない、仲間である子供の発言を待っていた。このお母さんは、しつこくしつこく子供をいじめていた。何度も何度も同じことばを繰りかえし、明らかに錯乱しているようであった。それに反して子供のほうは、モソモソと相変らずの態度であった。しかし一人で爆発状態になっている母親のほうは、それを見てますます逆上し、

「ウギャッ、ウギャギャウギャギャギャ!!」

と、わけのわからない金切り声を発するだけであった。その逃避しがたい攻撃をうけ、子供はとうとう、

「うわーん」

と泣き出してしまった。子供はいったん泣き出すと自分の意志とは無関係に涙が次から次へと出てくるもので、いいかげん泣くのはやめようと思ってもとめどなくしゃくりあげてしまい、我ながら閉口してしまうのであった。

私は窓からきこえる、うわんうわんという泣き声をきいてだんだん背中が丸くなっ

てしまい、うつむいてまた歩き出した。私まで涙が出てきそうになった。歩きながら「きっとあのお母さんはやせててちょっと美人だけど、目がつりあがって真赤な口紅をつけているんだろう」とか「子供のほうは、おとなしくて坊ちゃん刈りにしている私と同じクラスのタダシみたいな子だろう」などと考えていた。そして、今でもそのクセは抜けきっていない。

中央線の上りと総武線の下りに乗ると、線路付近の住宅からは、いろいろなものがみえる。だから私は電車に乗ると、よほどのことがない限り、出入口にへばりついてずっと外の景色をながめている。高円寺周辺のアパート密集地帯には特にいろいろな風景がある。古い木造アパートのベランダに、いつもおびただしい数の洗濯《せんたく》物が干してある部屋がある。それがある日は白い無地のTシャツが三本のサオにいっぱい。そして次の日は猿股《さるまた》が同じように三本のサオいっぱいに干してある。そしてその次の日にはまた、サオいっぱいの白いタオル。いろいろな洋服が洗濯物として干してあることは全然なかった。私が三年間この電車を利用して、このアパートの部屋でベランダに干してあったのは、Tシャツ、猿股、タオルの三点だけであった。これだけしか干さない人というのは、いったいどういう生活をしていてどんな人かということに、私はとても興味がある。猿股があるということは、まず男性であろう。靴下《くつした》がないところをみると、いつも下駄《げた》をはいているのかもしれない。上着やズボンを見かけなかったところをみると、それぞれ一着しかもっておらず、ワンシーズンずーっと着続けているのであろう。髪もボサボサで、当然の如《ごと》く女性にもモテない。しかし洗濯物の干し方をみると、誠に几帳面《きちょうめん》なところもありそうだ。と、いろいろ分析できるのである。

ある夏の日私は同じ高円寺のアパート密集地で、ある光景を目撃した。いつもは電車は普通のスピードで走っているから、窓の中の様子がうかがえる程度で、すぐうしろにとんでいってしまう。ところがその時は、前に電車がつかえていて減速してのんびり走っていた。午後七時少し前の夕食時であった。その木造古アパートの開け放された四角い窓には、スリップ姿の女の足と、毛だらけの男の足があった。布団《ふとん》の上に二人並んでうつぶせに寝っころがっていた。二人の太股《ふともも》から下しか見えなかったが、女のほうは片足ずつ垂直にすねを上げたり下ろしたりしていた。男のほうはマグロのように寝っころがったままであった。私は突如目の前に現われた光景にたまげて、思わず車内を見わたしてしまった。しかし他《ほか》の乗客には私みたいにヒマなことをしている人などおらず、新聞や週刊誌を読んだりして、何かワケありそうな光景には誰一人として気づいてないようであった。

それからそのアパートの窓が気になり、毎日毎日、

「今日はどうなっているのだろうか」

と目をむけるようになった。

あるときは窓が閉っていた。夏だというのに濃いグレーのカーテンでおおわれていた。あるときは、ミニスカートをはいたあまり若くなさそうな女性がヒザを立てて足の指のツメを切っていた。部屋の中には新聞が散乱していた。そしてその隣室では、壁にペナントを貼《は》った若い男の子が勉強している。その隣りの部屋では小さなお膳《ぜん》を囲んで家族が食事している。お箸《はし》を持った小さな子供が部屋の中を走りまわっていた。

〝隣りは何をする人ぞ〟そのままの千差万別の光景なのである。もしかしたら、スリップ姿で夕方から男と寝っころがりツメを切っていた女の人は、外に出ればその本性を隠し、勤勉できれい好きな女性としてとおっているかもしれない。ドアを開けて一歩部屋の中に入ったとたんに人格が変わってしまっているかもしれない。外の目から遮断《しゃだん》されてはじめてその人の本性がわかるのではないかと思っている私は、それゆえ恐しくてホイホイと他人を自分の部屋に入れることができない。

私は自分のことを二重人格だと思っている。やたら外ヅラがよいように思う。仕事はきっちりと〆切《しめきり》を守ってやっているが、家事に関してはめったやたらとだらしがない。外ではキャーキャーと騒いでいるが、家の中ではじーっとしている。他人と接する機会がなければ一日中喋《しゃべ》らなくても平気である。外での私しか知らない人は、家の中で本性丸出しにしている私の姿をみたら、あまりの落差に仰天するのではないかと恐れる。

自分がそうならば他人に無関心であればいいのに、

「他人の本性はいかに」

と窓にチラチラ目をやってしまうのである。その人のあるいっときの場面を切りとって、それを頭の中で想像をめぐらせてオモチャにしてしまうのである。私のしていることは一歩間違えば犯罪になるのではないかとすら思う。人間の本性は家の中ではじめてわかるのではないか。外と内と壁一枚違うだけで人格が変わってしまうのはとても恐しいし、私にとっては興味津々《しんしん》な出来事でもある。

「第七官界彷徨《ほうこう》」は家の中での物語である。古い木造の平家で起こる出来事が一つ一つあたりまえにありそうで、またとても幻想的でもある。主人公の小野町子は、炊事係として、兄の一助、二助、いとこの佐田三五郎が住んでいる家に同居することになる。赤いちぢれ毛が悩みの種の、詩人になりたいという女の子である。兄の一助は分裂心理病院に勤め、二助は肥料の研究をし、三五郎は音楽学校を受験するべく毎日ピアノを叩《たた》いて発声練習をしている浪人生である。一助、二助は彼女の兄でありながら、彼女にまるでアカの他人のように観察されている。血のつながりなど全く感じられないほど冷たくつき放している。

二助は土鍋《どなべ》でぐつぐつと、こやしを煮る。その臭《にお》いが家の中に充満する。だから彼自身、香水罎《びん》を鼻にあてながらこやしの研究をしている。一助は勤務先の病院に入院している患者に恋している。三五郎はといえば、雨もりをうけるバケツにポタポタと天井《てんじょう》からしずくが落ちる音にまどわされ発声練習の音程がどんどん狂っていってしまうという、あまり音楽的才能がありそうにない男である。三人三様、同じ屋根の下にいながら別々のことをしている。

暗い古い木造平家建ての家の中で男三人女一人が同居しているのならばもっと生々しいはずなのだが、この小説においては人間が一番無機的で、植物や道具が生々しく色っぽい。三五郎が弾く調律が少し狂ったピアノ。二助が大事に研究している二十日《はつか》大根《だいこん》と蘚《こけ》。それもすべて家の中で栽培されている。二助の部屋の床の間に、その大根畑が作られている。そして夜になると上部に作られた代用光線の設備から七つの豆電球がその大根畑めがけて光を落とす。古机の上には紙屑《かみくず》、文房具、小さい香水罎、名前もわからない蘚も容器の中で育っている。たたみの上には肥料の山。ビンづめのこやし。ピンセット。農具。顕微鏡。カメラ。暗い部屋のなか、そういうものに囲まれて、日に日に二十日大根や蘚が育っていく。

二助は、泣いてばかりいる女の子に失恋して以来〝蘚の恋愛の研究〟に没頭する毎日となった。私も子供のころから寄生虫や苔《こけ》は大好きだったから、そのような心理はとてもよくわかる。苔のようにあんなにSF的な姿をしている植物は他にはない。これがふつうの花の恋愛の研究であったのならばこの話に深みも何ももたらさないであろうが、〝蘚〟というところが幻想的なのである。あの蘚独特の匂《にお》い、こやしの臭い、二十日大根の匂い、そして気休めに嗅《か》ぐ香水の匂いが、暗くて古い木造の家の中にうずまくのである。

「今晩、蘚が恋愛をはじめた」

といって三五郎まで二助の手伝いを徹夜でするようになる。蘚は熱いこやしを与えるといち早く恋情を催すのだ、などともいう。家の中でジメジメしたところにしか育たない蘚が育っている。別々のことをしている三人の男たちも、こと蘚の恋愛に関しては共通の話題になるのである。

しかし町子はそれをじっと眺《なが》めているだけである。家の中の男三人と蘚の生活を一歩距離をおいて見つめる傍観者である。

ある日、彼女の赤いちぢれ毛が伸びたのをみて、三五郎がハサミを持っておかっぱ

に断髪した。悲しくなって泣く彼女の頭の上に、

「そんなに泣くな」

といって二助は香水をたっぷりとふりかける。その間三五郎は黙々と髪を切りそろえていく。暗い部屋の中で泣く赤いちぢれ毛の女の子に香水をふりかけて無表情でハサミをあやつる男たちの姿など、まるで映画「ツィゴイネルワイゼン」のような画となって、頭の中に浮かんでくる。背中を鋭い刃先でチクチクさされたような気がしてくる。断髪して気落ちした彼女は台所にいって野菜風呂敷《ふろしき》を頭にかぶる。安全ピンでとめつけているから相当ぶざまなはずなのに、男たちは笑わない。三五郎が、

「不細工である」

といって自分の黒いボヘミアンネクタイで彼女の頭を包む。風呂敷をかぶった女など想像するだに笑えそうなのに、この小説では笑うどころか、それが不気味な〝蘚の家〟に住む人々の性格を現わしているのである。

「人間が恋愛をする以上は、蘚が恋愛をしないはずはないね。人類の恋愛は蘚苔類《せんたい》からの遺伝だといっていいくらゐだ。（略）蘚苔類が人類のとほい祖先だらうといふことは進化論が想像してゐるだらう。（略）その証拠には、みろ、人類が昼寝のさめぎはなどに、ふつと蘚の心に還《かえ》ることがあるだらう。じめじめした沼地に張りついたや

うな、身うごきのならないやうな、（略）」

文中のこの一助のことばどおり、蘚と人間がいっしょくたになって生活している。「そういえば私もそういう経験があるから、私も苔だったのかもしれない」などとも思う。彼らの家を訪れた隣人は、しばらくして引越していった。髪に得体の知れない布切れを巻いた女の姿をみて、おびえたように去っていった。外の人間が家の中をみるとろくなことがないのだろう。

これは夢にしては甘くない、それでいて暗いばかりの話ではない。尾崎翠という人は、幻覚症状を起こして病院にも何度か入院したことがあったらしい。日常で起こりうることで、少し歯車がかみあわない生活を切りとってみせてくれた。ＳＦでもなく単なる日常雑記でもない、五感を刺激してくれる不思議な物語である。

14冊目　横光利一「火」

子供だって悲しい

初秋の夜で、雌《めす》のスイトが縁側《えんがわ》の敷居《しきい》の溝の中でゆるく触角を動かしていた。針仕事をしている母の前で長火鉢《ながひばち》にもたれている子は頭をだんだんと垂れた。鉄壜《てつびん》の手に触れかかると半分眼を開けて急いで頭を上げた。

「もうお寝。」

母は縫目《ぬいめ》をくけながら子を見てそういった。子は黙って眼を大きく開けると再び鉄壜の蓋《ふた》の取手《とって》を指で廻し始めた。母はまたいった。

「明日また遅れると先生に叱られるえ。」

子はやはり黙っていた。そして長らくして、

「眠《ねむ》たいわア。」といった。

「そうやでお眠《ねむり》っていうのやないの。」

「いやや。」

「お可《か》しい子やな、早《は》ようお眠んかいな。」

「日輪・春は馬車に乗って」より抜粋（岩波文庫版）

子供には不眠症というものがないのかと、よく考えることがある。だんだん年をとってくると、昼間はあれやこれやと考えるヒマもなくすごし、フッと我が身のことを考えるのは布団《ふとん》に入ったときだけである。そこでコテッと寝られればこんなに楽なことはないのだが、そこでふといろいろなことを考え出すとこれがよくない。

「私は三十一歳である。結婚の予定は全くない。仕事は今のところ順調だが、この先どうなるかはわからぬ。貯金はマル優程度はあるが、仕事がなくなった場合一年ちょっとで残高ゼロになるだろう。う－む、こういうことを考えると暗くなるなあ」

ブツクサいいながら寝ようとすると、また別の思いがジワジワと頭の中に充満してくる。

「そういえばアヤコちゃんから電話がかかってきて、高校時代に約束したとおり一緒に養老院にいこうねっていってたっけ。これからはどんどん老人が増えていくし、きっと年金なんかもらえないだろうから、アテになるのは自分の蓄えだけか……。養老院っていうのもピンからキリだからなあ。タコ部屋みたいなところにつめこまれて、映画みたいに「花いちもんめ」になっちゃうのも悲しいし、やっぱり海のみえるマンション風の所のほうがいいけどなあ。でも週刊誌で読んだけど、ああいう所に入っている人は、一等地にあった土地家屋を売ったお金持ちばかりだって書いてあったしなあ。マル優程度じゃしょうがないし……ポックリ死んで、葬式代を払ったらちょうど貯金がゼロになるっていうのが一番ムダがないけど、そういうふうにうまくいくかしら……」

次から次へと考えなきゃいけないことが、寝る段になって清水のようにコンコンと湧《わ》き出てくる。地下鉄をどこからいれるかで眠れなくなっちゃう漫才師がいたが、次に書かなきゃならない原稿のこととか、弟はあのトロさで結婚できるのだろうかとか、おのれの老後のことを考えはじめると、のうのうと枕《まくら》の上に頭をのせているわけにはいかず、ムックリ起き上がって腕組みしたりしてしまうのである。

高校生のころは私だって布団に入ったとたんにガーガーとイビキをかいて寝てしまう誠に寝つきの良い子であった。たまに、

「私の将来はどうなるのかしら」

と考えたこともあったが、そんなことよりもマブタの重さのほうが勝《ま》さり、

「まあ、どうにかなるわさ」

と楽天的に結論づけて、口をパカッと開けて寝ていた。

しかし、今はそういうわけにはいかない。

「まあ、どうにかなるわさ」

と、とりあえずは思うのだが、そのあとに、

「本当にどうにかなるのか」

という疑問が頭をもたげてくる。これがクセ者である。これが出てくると、たいてい二時間は寝る時間が遅れる。遅れても結論なんか出るわけないからいつの間にか寝て、朝起きてもいまひとつ満足感がない。

「生きるのってつらいことね」

と往年の名画のヒロインが吐くようなセリフを言って、ミソ汁《しる》を作ったりしているのである。

子供のころのように、昼間力いっぱい遊んで、ひきこまれるようにスーッと眠れてパッと目がさめたらどんなにいいだろう、と思うことがある。でも私は年に何回か寝ることが非常に恐しいと感じたことがあった。

ある夜、ふと私は目がさめた。枕もとでカチカチ動く目ざまし時計の光る針は十二時を過ぎていた。隣りの部屋からは灯《あか》りがもれていて、父親と母親が低い声で何事か

話しているようだった。隣りに寝ている弟は、短い手足を大の字に広げてパカッと口を開けて幸せそうな顔をしている。いつもは口の中に指をつっこんでみたりするのだが、その夜はどうもそんな雰囲気《ふんいき》ではなかった。暗い気配がヒタヒタとふすまのむこうから押し寄せてきていたからであった。どういう話をしているのかは全くわからなかったが、シクシクと母親が泣いているような気がしたし、父親がやたら怒っているような気もした。

「ふうふげんかをしている」

そう思ったら、体中がカーッと熱くなってきてしまった。

子供にとって夫婦ゲンカというのは、誠に精神に悪影響を及ぼすものであった。昼間に、ああだこうだとお互いに毒づいているのは、子供としても、

「こっちに飛び火してこないように、うまく逃げよう」

と考える余裕もあるのだが、夜中の声をおし殺したいい争い、というのは本当に不気味であった。日本むかしばなしで、深夜障子のむこうでナタをといでいる白髪の老《ろう》婆《ば》の話を読んだのと同じくらいこわかった。

少女マンガを読んでも、テレビを観《み》ても、夫婦ゲンカをした親の子供はみんな不幸になっていた。必ず両親は離婚して子供はある時期悲惨な生活を送らなければならな

かった。おばあちゃんにひきとられたのはいいが、ポックリ急死。同居していたおじさん夫婦からはやっかい者あつかいされ、子守り、掃除、洗濯《せんたく》。しまいにはいとこたちにまでバカにされ、友だちは近所のポチや公園のことりさんやアヒルさんだけという和製シンデレラ物語であった。

「ああなったらどうしよう」

そう考えたら涙が出そうになった。私には弟がいるし、この子のことも心配だ。私はパジャマの上半身を起こし、しばしふすまからもれてくる灯りをボーッと眺《なが》めていた。

そのとき頭の中に浮かんだことは、

「これは夢なんだ」

ということであった。まさかこんなことが起きるわけがない、と子供ながらに未熟な脳みそで判断したのだった。

「そうか。それならば寝てしまおう」

私はまた布団の中にもぐりこみ、

「これは夢だ、これは夢だ」

とブツブツいいながら、マブタをしっかりとつぶって早く寝ようとした。しかし私の耳に響いてくるのは、相変らず不気味にきこえてくる隣室からのいい争う声と自分の心臓の音だけだった。

「やっぱりダメだ」

私は再び布団の上に起き上がり、いったいどうすればよいかと悩んだ。気になるのは隣りの光景である。本当にふうふげんかをしているのか、母親はシクシクと泣いているのか、ちゃんと自分の目で確かめたいと思ったが、ふすまを開けるのには勇気が必要だった。夜中に突然私がガラッとふすまを開ける理由などないからであった。許されるのは、トイレに行くフリをしてふすまを開け、そのときにバッチリ見てしまうということであったが、どんなことが起っていようとも冷静に判断することなんてできないような気がした。その反面、私にはこわいもの見たさもつのり、四つんばいになってモソモソとふすまのところまで這《は》っていった。そーっと聞き耳をたてても、まだ例の不気味ないい争いが続いていた。

「寝ボケたフリして、いっそのことガラッとふすまを開けてしまおう」

ふすまに手をかけたが、やはり開けることはできない。ふすまのむこうの光景を見たら、ますます大変なことになりそうな気がしたからであった。弟のほうをふりかえると、相変らず無邪気な顔をし、口をあんぐりと開けて寝ている。

「あたしがこんな思いをしているというのに」

そう思うと、けっとばしてたたき起こしたくなった。

ふすまを隔ててきこえてくるのは、父親の、

「あれほどいってるのにどうしたんだ」

という文句と、

「だって……」

と泣きながら訴える母親の声であった。だいたいあの、物を蹴散《けち》らしながら歩き、ドハドハと胴間声で笑いながら日々を送っている母親と同一人物とは、子供ながら信じられなかった。両手いっぱいに洗濯物をとりこんだり、朝起きると台所でミソ汁の実の大根をきざんでいる人とは思えなかった。全然母親とは別の女の人がいるようだった。

「これはマズイ」

私はふすまを開けるのはやめにした。

テレビの探偵《たんてい》ドラマによく、聞き耳をたてていると突然ドアが開き犯人に拉致《らち》されるシーンがあったのと、やっぱりこういう状況は子供が見ると立場がなくなるような気がしたからだ。自分が泣いているのを子供に見られた母親は、私以上にドギマギす

るのではないか。もしかしたらそのまま私と弟を置きざりにして逃げていってしまいそうな気もした。そうなったらエライことである。少女マンガと同じように、弱冠六歳で掃除、洗濯、子守り、もしかしたら小学校もやめなきゃならないかもしれないと考えたら手足がふるえてきた。さっきと同じように、ガクガクするヒザをひきずりながら、四つんばいのまま布団の中に戻《もど》った。

「エライことになった」

私はふるえながら布団をひっかぶって、いつのまにか寝てしまった。

次の朝目がさめたとき、いつものように母親は庭で洗濯物を干していた。

「いつまで寝てんの！　早く起きなさい」

怒られて私は少しホッとした。もしかしたら、きのうのことはやっぱり夢だったのではないかという気もした。私がモタモタ布団をたたみ着がえている間に、母親は台所に立ってミソ汁の準備をしていた。私はテレビをつけて、ちんまりとちゃぶ台の前に座っていた。いつものように間抜けた顔をしていようと思ったが、顔はひきつったままだった。ちゃぶ台というのは至近距離に親の顔を見なきゃならないので、これまたマズイ。そのうえ父親まで、その日に限って早起きしてきた。私はますます顔を上げていられなくなった。下を向いて目をこすり、まだ寝足りないフリをした。父と母はひとことも口をきかなかった。母親は慣れた手つきでごはんをよそい、おかずをもりつけて、いつものように機械的に食事をしていた。父がおかわりするタイミングもちゃんとわかっていた。しかし会話がまるでない。私は息がつまりそうになったのと、きのう盗み聞きしたみたいできまりが悪かったのとで、ここで何とか場を盛り上げなきゃいかん、と思い、とてつもなく大きな声で、

「きょうは、お天気がいいねえ」

といった。これが失敗だった。

「そうだね」

母親がいったっきり、またあたりはしーんとなってしまった。私はひどく後悔した。

それから私がこの年齢になっても、あのとき一体何が起ったかは母親にも聞いていないし、誰《だれ》にも喋《しゃべ》っていない。ただ子供のころ、ふだんはコロッと忘れているのに、寝るときになってふと思い出し、ひどく悲しい想《おも》いをしたことだけ覚えている。自分の心の中にしまっておいて、何度も味わわなければならない子供の気苦労だったのである。いつのまにか年をとって、大人の世界はああいうものなのだとわかってからは、深刻に悩むほどのことではないと理解できたのだが、私が子供のころの誰にもいえない悲しい想いをよみがえらせてくれたのが、この「火」という短篇《たんぺん》である。

主人公は米《よね》ちゃんという小さな男の子。父親は六年前にアメリカへ行き、病気になったという手紙が来たきり音信不通になった。米ちゃんは夜寝ているとき、母親の女である部分を垣間見《かいまみ》てしまった。ふと目がさめたら近所の男が自分と母親が寝ている部屋にいたのである。米ちゃんも私と同じように、誰にもいえずに悲しい想いをずっと一人で耐えていた。学校から帰る途中の落書き、砂の中の金剛石捜しで気をまぎらわそうとするのだが、突然悲しい想いがフラッシュバックしてきて、母親のことが気になり、あわてて家に帰ったりする。

子供はストレートには、

「何してたの？　何があったの」

といえないし、聞けない。それをいって親を困らせたらどうしようという気持ちと、自分が傷つきたくないという気持ちが交錯するのである。だから突拍子もない発言をしてそれを理解してもらえず、それどころか逆に笑われたりしてよけいに落ちこむのだ。

それはほとんど大人には理解してもらえないが、子供にとってはとても重要なことなのである。私も子供のころ何度も悲しい想いをして、それなりにサインを出してカマをかけてみたが、やっぱりわかってはもらえなかった。それによって親を恨んだりしたことはない。でも子供だって子供なりに悩んでいるのである。こういったら親は困るだろうから黙っていたほうがいいだろうと、生まれて六、七年しか経《た》たないのにちゃんと気配り、気苦労している。私はそういう子供のころの自分を思い出すと、たまらなくいとおしくなってきてしまうのである。

15冊目　杉本鉞子《えつこ》／大岩美代訳「武士の娘」

外国暮らしを夢みるとき

「じゃ、恋人同志が……まあ、ひどく熱した時には、どうするんでしょう」

「その時は、お互いに背中を向けあいます」

「えっ、背中を向け合わせるんですって！　まあ、まあ！」と、驚いた婦人はまた訊くのでした。

「日本では、夫婦の間でも接吻しないんですってね、ほんとですか」

「ええ、お辞儀をするだけです。お辞儀は日本人の心の表現なのです」

「でも、お母さまはあなたに接吻なさいましたでしょう。アメリカへご出発の時に、お母さまは、どうなさいましたの」

「唯、お辞儀をしてから、もの静かに『道中、気をつけてね』と申しました」

と答えましたが、まだ、この国に来て日も浅い私は、婦人の顔に浮んだ奇妙な表情や、話題を更える前の一寸した沈黙が、何を意味していたのか、よく判りませんでした。

「武士の娘」より抜粋（筑摩叢書版）

私が外国人に初めて接したのは、四歳のときであった。当時練馬区《ねりまく》に住んでいた私には、外国人を目にすることなど皆無で、動く外国人はテレビで観《み》るだけだった。ところが、ピアノを習いにいっていた先生の御主人が外交官で、同じ敷地内にものすごく大きな洋館が二軒建っていて、そのうちの一軒を外国人一家に貸していたのである。

ある日、私はいつものように先生の家の門をギーッと開けた。するとそこへ一匹のコリー犬が猛スピードで走ってきて、尻尾《しっぽ》をバタバタ振りながら私にまとわりついてきた。私はコリー犬といえば名前はラッシーだと思いこんでいたから、

「ラッシー、よしよし」

などといって、頭をナデナデしてあげた。そしてあたりをみわたすと、私よりも少し年上と思われる金髪の女の子が洋館の陰からこっちのほうへ向かって走ってきた。

「マズイ！　ことばのわからない人が来る」

私は子供ながら逃げ腰になり、ラッシーの頭をナデながらズリズリと後ずさりしていった。その女の子はラッシーを指さし、

「オー！　×○△×○△」

といった。するとラッシーはそこにおとなしくおすわりして、じっと女の子の顔を見上げていた。女の子は手をうしろに組んで、私にむかって、

「×××××？」

といった。私はチンプンカンプンだったが、こういう場合は敵ではないことを示したほうがいいと思い、ニコニコとアホみたいに笑っていた。すると彼女は手をうしろに組んだままグルッと私のまわりをまわり、私が髪の毛に結んでいたリボンを指さして、

「○○○」

といってニッコリ笑った。私は誉《ほ》められたのだろうと勝手に解釈し、

「さんきゅー」

といった。すると彼女はキャッキャッと笑い出し、私の手をとって庭の芝生の上に座らせ、私が持っていた赤いカバンを開けろと指さす。私が中を開けてピアノの楽譜を出すと、再びホニャホニャと喋《しゃべ》りながらパラパラとページをめくっていた。ホニャホニャと呪文《じゅもん》のようにしか聞こえない中で、「ピアノ」ということばが聞きとれるとホッとした。私は彼女に気に入られたようで、すぐ彼女は私の手を握ろうとした。私

はヘタに抵抗して気分を害されてはいけないと、じっとされるがままになっていた。

彼女は芝生の上に座っていたかと思うと突然ドデドデと家の中に入っていき、キャスターのついたオモチャ箱を引っぱってきて、私にうす汚れた人形を手渡し、

「△△△△△△」

とキッパリといい放ち、わけのわからぬ歌をうたいながら、それにあわせて自分の手に持った人形をダンスさせているのである。ボケーッとそれを見ている私に対して彼女は少しムッとして、まるで、

「あんたも一緒にやりなさいよ！」

という感じで私の手をむんずとつかみ、曲に合わせて人形にダンスをさせようとするのだった。

それに飽きると今度は七色に色分けされたボールをとり出し、バコバコ叩《たた》き出した。再びホニャホニャといいながら、私のほうに投げてよこしたので、

「あんたがたどこさ」

をやってみせた。ボールがワンバウンドする間に片足をその空間で一回転させる、という動作をみてたまげたのは彼女である。目をまん丸くしていたが、私がやり終わるのと同時にボールをひったくり、めちゃくちゃに歌いながら片足振りあげて「あん

たがたどこさ」をやろうとしたが、なかなかうまくいかない。そして私にボールを渡し、もう一度やってみろ、というそぶりをみせた。それからは「あんたがたどこさ青空講習会」になってしまった。ラッシーがボールにとびつこうとすると、彼女はマジに怒ってラッシーを追っぱらった。

私は秘《ひそ》かに優越感を感じた。テレビで観る外国人の生活というのは、大きな家に住み、大きな冷蔵庫の中から肉のかたまりをとり出して庭でバーベキューを楽しみ、大きな車を乗りまわし、大きな犬を飼っていた。女の人は裾《すそ》がパーッと広がったスカートをはいていた。どれもこれも私をポーッとさせる、誠に魅力的なものだった。外国人というのは何不自由なく暮らしている大金持ちばかりだと思っていた。

「また今月もお金が足りない」

と嘆く母親の姿をみては鏡の前に走っていき、映る自分を眺《なが》めて、

「どうしてあたしは金髪に生まれてこなかったんだろう」

と自分の運命をのろった私であった。しかし、この金髪、青い目の女の子は、大きな家に住んで大きな犬を飼っていながら、私がへとも思わずにできる「あんたがたどこさ」ができない。生活、知育、徳育、体育、すべてにすぐれていると思っていた外国人にもできないものがあったのか、と私は、何度も何度も片足をふりあげながらコ

ケそうになっている彼女の姿を見て感じたのである。私はピアノのレッスンに来たのも忘れて遊んでいた。

しばらくすると、彼女のお母さんらしい女の人と先生の家のおばあちゃんがやってきた。

「ア、ピアノノレッスンニキテルノ。カワイイネ」

お母さんにそういわれて、異常に私は照れてしまい、精いっぱいニカッと笑って感謝の意を表した。私はそこでバイバイと彼女と手をふって別れた。それから今まで彼女とは会ったこともない。現在、先生の家と彼女の家はとりこわされて大きなマンションになっている。彼女は今どこで何をしているか全くわからないが、ともかく「あんたがたどこさ」がとりもつ外国人初体験だった。

私にとって外国人というのは、アメリカ人、アフリカ人、東洋人しかなかった。白人はすべてアメリカ人、黒人はアフリカ人、その他私と似た顔立ちの人は東洋の国の人と判断していた。スウェーデン人、スイス人などという人々は、私の感覚には全くなかったのである。私の友人には、外国人に話しかけられたりするとドキドキして逃げたくなるという人がいるが、私にもそういうフシがある。話しかけられて、

「はい、何ですか」

と堂々と対処できるのは、金髪白ワイシャツのモルモン教の勧誘だけである。今でさえそうなのだから、ずっと昔に外国人とかかわりあった人の話は面白《おもしろ》い。それが大臣とかといったエライ人ではなくて、一人の主婦の話となると、ちょっと趣のちがうものになる。

「武士の娘」の著者は明治六年に生まれた越後《えちご》の武家育ちである。彼女が物心ついたときにはもう勘当されていた兄が、父の死で突然帰ってくることになった。それもアメリカから帰ってくるというので、家の中は大騒ぎになってしまう。兄の友人のアメリカで商売をしている日本人と結婚が決まったのが十三歳にも満たないときのことであった。ここまでが、いわば彼女が親のいいなりになっていた時代である。それから東京の女学校に入学して、彼女の目はどんどん外国へとむけられるようになっていった。英語を学び、「イノック・アーデン」を図書館で借りて読みふける。亡《な》くなった父親のためにやっとお寺を捜し出して命日に供養《くよう》をしていた女の子が、外国の文化にふれていくうちに、

「自分はキリスト教の洗礼を受けよう」

とさえ思い、信者となってしまうのである。彼女が胸をときめかせながら読んだ外国の本、見たり聞いたりしたこと、亡くなった父親の教え、から得たものは、

「女とても、女の道を失いさえしなければ、心の中に毅然《きぜん》たる思いを抱いていてもよい」

ということだった。現代ならばいざ知らず、武士の家に生まれ厳格に育てられたお嬢さまにしては、ただボーッとしているだけではなく意欲のある少女だったようである。

しかし周囲はまだ彼女の考え方についていけず、まだキリスト教を邪教だと考えていた祖母には猛反対され、幼いころからの友だちからもの け者扱いされたりしたのである。そこで声高《こわだか》にギャーギャーとわめき散らさないところが、彼女の育ちのよさ、というか、明治女のシンが一本通ったところである。自分は悲しい思いをしながらもそれをグッと心の中にしまいこみ、自分がこうと決めたことは黙々とやり通してしまう、というねばり強さがある。派手でも何でもなく、地に足をつけて一歩一歩ふみ出していく強さがある。

アメリカに嫁ぐことになって、母親は、

「異国では犬のようにお互いをなめあう習慣があるとか聞きますが」

と心配する。かつては「異人にはかかとがないから、はきものに木のかかとをつぎ足している」とか「高価に輸入されている赤毛布《ゲット》は、さらってきた赤ん坊の血で染めた」とか、まるで野蛮な人々のように外国人はいわれていたらしいから、アメリカというものにじかにふれてからの、日常生活はおどろくことばかりであった。アメリカにむかう船の上で、人にみせるために肌《はだ》を出している女たちの服装を目《ま》のあたりにして、恥ずかしくなって同席していられずに船室に戻《もど》ってしまう。すべてが自由でのびのびしていると考えていたアメリカ文化というものは、実は奇妙なものではないかと、不安になる。

新婚生活はメイド付きという恵まれたもので、使用人たちとの間にもいろいろなことが起こる。桜桃のパイを焼いてくれたのを食べたいと思ったのに、日本の家長制度がふと頭にうかび、夫がいらないといったのに不本意ながら従って後悔した話。アメリカの合理的な掃除法に感心したり、「あんなことしてもいいのか」と疑いながらどんどん知識を吸収していくのである。洗濯《せんたく》担当の黒人のメイドは、面とむかって彼女にたずねないまでも、洗濯物を物珍らしそうに検査している。アメリカでも彼女は着物を着ていたこともあるらしいから、メイドにしてみれば、今まで見たこともないへんてこな形をした衣類があれば、これは何だろうと疑問を持つのは当然のことではある。そして彼女が子供を産んだとき、メイドがやってきて、赤ん坊を見たい、という。そして足をみて、

「ああ、よかった。私たちと同じだ」

とホッとしていうものだから、その理由をたずねると、

「くつ下が二つに割れているから、日本人の足の指は二本だけかと思っていた」

といったというのである。不思議に思いながらも、それを心の中にしまって毎日毎日夕ビを洗っていたこの黒人のメイドさんも、とてもカワイイ。やはり他国の文化を理解するのは、まず「これはへんてこだ、何だろう」とうたがうところにあるようである。

彼女のすばらしいところは、その時代の人には珍らしく、習慣、風俗、日常のことすべてにおいて「とりいれるもの」と「捨てるもの」を見わける目を持っていたことである。無条件に、

「ともかく外国はすごい」

と、のめりこんでいくタイプではない。自分が良くないと思えばそれをキッパリと捨て、良いと思えば柔軟にそれを吸収していくというバランスのよさである。それでなければ、彼女が日本に帰ってきたときにはきっと、似合いもしないのにド派手な胸の開いたドレスを着て、サングラスをかけ、「ハーイ」とか「オー、ジーザス」などという、とんでもなくケバケバしいオバさんになっていたはずである。品の良さを保

ちつつ、異国で白人や黒人を使って生活していけるというのは、根本的に賢い女の人なのに違いない。

この「武士の娘」は、彼女が日本に帰ってくる途中に夫を病気で亡くし、生活のためにニューヨークに戻って書いたものであると、訳者のあとがきにある。日本人が英語で書いたものを、日本人が日本語に翻訳した、という本である。一九二三年から二四年にかけて「アジア」という雑誌に連載され、ドイツ、フランス、デンマーク、スウェーデンなど七カ国で翻訳されている。もしかしたらこの本が出版されるのが一番遅かったのは日本ではなかったのか、と想像してしまった。

傲慢《ごうまん》ではなくて、毅然としているというのはなかなかむずかしい。言葉がわからなくてもオタオタせずに外国人とコミュニケーションができればいいが、なかなかそうはいかない。毅然としてて、かつ友好的にかつ相手のいいところをとり入れるなどという、神わざとしか思えないようなことができるかと不安になるが、この本を読むたびに、まだ閉鎖的だった日本でもがんばった女の人がいたんだ、とはげまされる思いがしてくるのである。

16冊目　永井荷風「濹東綺譚《ぼくとうきたん》」

電球の光が懐《なつ》かしい

万茶亭の前の道路にはこの時間になると、女給や酔客の帰りを当込んで円タクが集って来る。この附近の酒場でわたくしが其名を記憶しているのは、万茶亭の向側にはオデッサ、スカール、サイセリヤ、此方《こなた》の側にはムウランルージユ、シルバースリッパ、ラインゴルトなど。また万茶亭と素人屋《しもたや》との間の路地裏にはルパン、スリイシスタ、シラムレンなど名づけられたものがあった。今も猶在るかも知れない。

服部の鐘の音を合図に、それ等の酒場やカフエーが一斉に表の灯《ひ》を消すので、街路《まち》は俄《にわか》に薄暗く、集って来る円タクは客を載せても徒《いたずら》に喇叭《らっぱ》を鳴すばかりで、動けない程込み合う中《うち》、運転手の喧嘩がはじまる。かと思うと、巡査の姿が見えるが早いか、一輛残らず逃げ失せてしまうが、暫くして又もとのように、その辺一帯をガソリン臭くしてしまうのである。

「濹東綺譚」より抜粋（新潮文庫版）

私は、いわゆる変な子供であった。夜ふかしをしてパジャマ姿でいつまでも家の中を走りまわっていて、母親に大目玉をくらったことがある。

「いうことをきかない子は、うちの子じゃありません！　さっさと出ていきなさい!!」

よくある親のおどしである。ふつうならば、この〝最後のひとこと〟をきけば、自分の将来を案じ、

「うぁーん」

と泣き出して母親にとりすがり、

「ごめんなさい、ごめんなさい」

とあやまるのが子供としての定石《じょうせき》である。しかし当時四歳の私はそういわれるとすぐに、

「はーい」

とお返事をして、いつも泥《どろ》遊びをする時に使っていた愛用の赤いバケツとおもちゃ

の鉄砲、ろうせき、お気に入りの着せかえ人形を持って、鼻歌まじりで暗い夜の町へと出ていってしまったのである。

「親に出ていけといわれたのだから、まあ、出ていかなければしょうがあるまい」恐《こわ》いなどとは全く感じなかった。「うちの子」じゃなくなってしまった私は、明日からいったいどうなるのか、どうやって食べていったらいいのか、など根本的な問題はどうでもよかった。私は絵本で知った、犬と一緒に人の家の軒下で寝る少年にとてもあこがれていた。心優しい人々にひとかけらのパンをもらい、それを犬と半分ずつにして食べる。寝るときはその犬にくっついて、犬の毛に包まれて寝るのであった。親なし子でも、私にはその少年はそれだけでとっても幸せに思えた。いつも私が寝ている、黄色の地に赤いお帽子をかぶったクマちゃんが玉のりをしている布団《ふとん》よりも、そのほうがずっとスヤスヤ眠れるような気がした。

夜の町をトボトボ歩いていても、私はウキウキしていた。右手にブラ下げた赤いバケツを揺らしながら、スキップなんかもしてしまった。今とちがって夜十時になると、東京でもほとんど人通りがなくなってしまう時代であった。もちろん車もほとんど通らない。暗い夜道を歩いているのは、赤バケツを持った私とのら犬くらいのものだった。夜見るのら犬は、昼に見るときよりもずっと背中が丸まっていた。どの犬も電信柱の根元のニオイばかりをしつこくしつこくかいで、妙におびえているように見えた。

私は夜、のら犬に会うのも大好きだった。道にへたりこんで、

「おいで」

と声をかけると、夜は犬がこっちにむかって走ってくる、

「タッタッタッ」

という音がきこえるからだった。

昼間同じようにすると、それを見つけた近所のオバさんたちは口々に、

「まあ、きたないわ。そんなところに座りこんじゃ。あっ、犬まで来た。まあ、のらだわ」

と眉《まゆ》をひそめ、大根の入った買物カゴをブンまわして、

「シッシッ」

と、のら犬を追っぱらうのである。そして道にへたりこむのが好きな私の手をとって無理矢理立たせ、パンパンと私のお尻《しり》の泥をはらって、

「ダメよ、こんなところに座っちゃ……」

と、すぐ説教をするのだった。そしていつも、

「女の子なんだからね」

というのがあとについた。近所の男の子たちを手下としてあやっていた私は、もっともらしくそういうオバさんたちに対して、「ケッ」と思っていた。

しかし夜はそういうオバさんもいない。闇《やみ》にまぎれて知らない人の家の軒下で寝ることもできるし、誰《だれ》も住んでいないボロ家のトタンで囲まれた塀《へい》の陰でうずくまって寝ることもできる。これで気の合うのら犬がいると最高である。しかしのら犬もしっかりしていて、食べ物で釣《つ》らないと、ただ、

「おいで、おいで」

というだけではだめだった。尻尾《しっぽ》をふってペロペロ手や顔はなめてはくれるものの、幼い私と一緒に寝てくれる気はないようだった。

道の両側に等間隔で立っている電信柱の根元の地べたには、直径一メートルぐらいの光のマルができていた。電信柱から電信柱までの間は真っ暗で、のら犬に相手にされない私はヒマつぶしに、

「よし。次の光のマルまで走っていこう」

と、目をつりあげて全速力で走った。二、三回走ったらすぐ疲れた。疲れるとすぐ地べたに座りこんだ。座りこんだまま、ずっと光のマルが続いているのを見ていると、むこうからこっちに来るものの姿が、光に照らされたり闇にまぎれたりしてとても面《おも》

白《しろ》かった。のら犬の姿がだんだん大きくなりながら、見えたり見えなくなったりした。ギーコーギーコー音をたてて、ごっつい自転車にのったおじさんがこっちにむかってやってきたので、あわてて忍者のようにそばの露地の板塀にへばりついて身を隠した。おじさんは、はあはあ息を吐きながら、私に気づかずに通りすぎていった。私は透明人間になったような気がした。自分は見えない人間になってしまったと思ってうれしくてたまらなかった。

走ったりスキップしながら町内をまわっていたら、さすがの私も疲れてきた。ガソリンスタンドの駐車場にも、同じように電信柱からの電球の光のマルがあった。私はそこを今夜の寝場所と勝手に決めた。赤バケツからろうせきを出し、ガソリンスタンドの駐車場いっぱいに絵を描《か》こうとした。電信柱にくっつけられた電球の光の下では、同じ絵を描いても昼間とは全く違うような気がした。船や飛行機を描くと、子供向き映画によくあるように、今にも動きそうな気がした。私はすぐお絵描きに没頭した。ブチののら犬が一匹やってきて、不思議そうな顔をして、私のまわりをグルグルまわりながらフンフンニオイをかいでいたが、食べ物を持ってないとわかるとさっさと行ってしまった。

お絵描きに没頭したのがウンのつきであった。絵本で読んだ少年と全く同じというわけではなかったが、人の家の軒下で寝るということができると思ったのもつかのま、私は近所を巡回しているおまわりさんに見つかってしまったのであった。若いおまわりさんは私の姿を見て、ひどくたまげたようであった。ガソリンスタンドのまわりをキョロキョロしながら、

「お嬢ちゃん、ひとり？」

ときいた。

「そう」

私は船のマストを描きながらいった。

「どこから来たのかな」

「あっち」

私は今まで自分が歩いてきた方向を、絵を描いていて右手がふさがっていたので、左手でぞんざいに指さした。

「こんな遅くに、一人で外にいちゃいけないねぇ。子供は寝る時間でしょ。悪い人にさらわれちゃうよ」

「いいもん。あたし、家出してきたの。おかあさんが、うちの子じゃないからでていけっていったから、でてきたの。てっぽうもろうせきもあるから、へーき」

優しく声をかけたのに、生意気なガキに軽くいなされ、親切なおまわりさんはムッとした。

「ダメダメ。さあ、おまわりさんと一緒におうちに帰ろう。本当に困ったもんだ……」

おまわりさんはブツブツいって、私の手をひっぱって、私が今来た道を戻《もど》りはじめた。途中で右足にサンダル、左足に下駄《げた》をはいた母親とでっくわし、私は母親にひき渡された。一発かまされるな、と首をすくめていたが、そのときはいつもの平手打ちはとんでこなかった。そしてそれ以来私は、でていけ、といわれなくなり、自発的に家出することもなかった。しかし、ところどころ電球の光がマルを作る中で遊びたいなあ、と思っていた。電球の光はボーッとしてたよりないが、気持ちがホッとする何かがあった。

私はスペインに着いた日の夜、ホテルの窓からみえる街灯の光をみて、何十年も前の出来事を思い出した。プルーストのマドレーヌと似たようなものである。スペインの街灯はタングステン球で、ボーッとして肌色《はだいろ》っぽい黄色の光が優しく道路を照らしていた。昼間はめったやたらとアクが強い石造りの建物が乱立しているマドリードの街も、夜になると、そのタングステン球のおかげで、ホッとする心休まる街に変わるのである。夜、いくらでも街の中を歩きまわれる気分になってくる。のら犬も、のそのそ歩いている。街全体がのんびり、ボーッとしている。トゲトゲした気分だけが体の中から抜けていくような感覚だった。東京にいるときは、夜遊びなんかしたくもないと思っていた私だが、子供のころのように、電球の光の中だったらばいくらでも歩きまわりたかった。

どういうわけか電球の光には、夜遊びを誘発される何かがある。残念ながら今の東京には、そういう光はない。神経がイライラする青白い蛍光灯《けいこうとう》の光だらけである。ああいう不健康な光の渦《うず》のなかにいると、体の中まで青白いものに侵食されそうで、何やら恐しい。気づかないうちにどんどん、精神的に病むほうへ病むほうへと環境が造られていくような気がしてならない。

「濹東綺譚《ぼくとうきたん》」を読んでまず頭の中に浮かぶのは、子供のときのあのボーッとした電球の光である。そういえば家の中の灯《あか》りも、白い瀬戸物のカサをかぶった電球だった。明るさの記憶はないけれど、今から比べたら格段に暗かったはずである。黄色人種の顔がますます黄色くみえる光の中でのほうが、より人間らしく暮らしていたような気がする。

「濹東綺譚」の主人公である独り身の中年男は、夜ブラブラと東京の裏町を散歩する。「夜遅くまで灯をつけているのは、古本屋、煙草《たばこ》を売る荒物屋くらいのもの……」という地域で、主人公がその古本屋に寄るのは、古本が目あてというよりも古本屋の主人の人柄《ひとがら》と裏町の情味である、という。きっとこの古本屋も薄暗く黄色っぽい光をともしていたのに違いない。食パンとカンづめを風呂敷《ふろしき》に包み、ブラブラ歩いている独り身の中年男を想像してみても、懐《なつ》かしい電球の光の下では、あわれを感じるというよりも堂々とした余裕すら感じられる。蛍光灯の青白い光の下を、食パンとカンづめを持って夜歩いていても、風情《ふぜい》も情緒もあったものではない。

中年男が傘《かさ》をさして廓町界隈《くるわまちかいわい》を歩いていると、一人の女が雨をよけて中にとびこんでくる。家までいれていってくれと女がたのみ、家の前までくると、その女は男の服についた雨のしずくを手で払いながら、

「ふいて上げるから、寄っていらっしゃい」

という。

「おっ、来たな」

と私は思う。そして話は私が想像したとおりに運んでいくのだが、すべてがのんびりしていて人間的で、ともかく「いい」のである。女も抜け目はないが可愛気《かわいげ》もあり、男もそれを知りつつだまされてやる、といった思いやりがある。

どぶにむらがる無数の蚊、蚊帳《かや》、氷白玉。それがなくなっていったのと共に、男や

女の、のんびりした出会いとか情緒とかはなくなっていった。かつては行きずりの男女にさえも心の通い合いがあったのに、今は金のやりとりばかりである。すべてが電球の光と同じように、のんびりとゆっくりと動いている。それなのにその光は「ウキウキ」させたり「心を浄化」させたり、「何か」が起こりそうな予感を与えたり、限りなく人間を誘惑するのである。

私が地べたに座って電球の光に照らし出されるのら犬を待っていたように、永井荷風自身ではないかと思われる「濹東綺譚」の主人公は、光に照らされて登場する下町の風俗と関《かか》わる。職務尋問をする警官、気のいい商売女。それだけでなく、郵便局や活動小屋やポストまで魅力的なもののように思えてくる。

ひとりずまいの隣家から一方的に流されるラジオの音に閉口して、彼は町に出る。部屋の中にいて無理矢理きかされるラジオの音よりも、渾然《こんぜん》一体となった騒音があっても外に出て町を歩いているほうがよっぽど気が楽だという。

子供のころのように、電球の光がマルを作っている道をトボトボ歩けたらどんなにいいかと思う。通りすがりの小さな雑貨屋で束になったちり紙を買ったり、のら犬をかまったりできたら、主人公の独り身の中年男と同じように、それなりに心優しく、かつ楽しく人生が送れるような気がしてくるのである。

17冊目　矢田津世子「茶粥《ちゃがゆ》の記」

料理は苦手

しかし良人の場合はうまいもの屋へ行つたといふわけでもなく、板場の通といふわけでもなく、諸國の名物を食べ歩いたといふのでもない。ただ、話なのである。味覺へ向ける良人の記憶力と想像力は非常なもので、たとへば何處かで聞きかじつた話だの雜誌や書物などで眼についたのをいつまでも忘れずにゐて、折りにふれ、これに想像の翼を與へるのである。さうした良人の味覺はどこででもくりひろげられる。出勤時の身じろぎも出來ない電車の中で人と人の肩の隙間を流れる窓外の新緑を見遣りながら、ウコギやウルシの若葉のおひたし、山蕗の胡麻よごしを思ひ描く。それから初風爐の茶湯懷石の次第にまで深入りする。汁、向ふ附、椀、燒物……と順次に六月の粹を味はひながら、良人の滿足感は絕頂に達する。全く不思議な話ではあるが、この混み合つた電車の皿數は、青紫蘇は眼にしみるやうで、小鱸は蓋を取るとサラリと白い湯氣が立つといふ風で、生きのままあとあとと並べられるのである。

「味覚小説名作集Ⅰ」より抜粋（みき書房版）

私は六年前に一人暮らしを始めるまで、ほとんど料理を作ったことはなかった。本《ほん》棚《だな》を作る、とか、電気の配線をする、古い洋服ダンスをのこぎりで切りきざんでただの板切れにする、などという時には、母と弟の期待を一身に浴びつつ、体力にものをいわせて二人の期待以上の働きをした。

しかし、事が料理となると話は違った。

弟が高校、私が大学受験のときも、台所で繰り広げられる光景は一般的な十八歳の女と十五歳の男のものではなかった。

「今日の夜食はタンメンにしようか」

「あー、そりゃあいい。いつもわりいねえ」

前が弟のセリフ、後が私である。母親は目をつりあげて、

「あんたはどうして弟にこんなことさせるの！　弟に対する思いやりっていうもんはないの!!」

と怒っていたが、私が作るよりも弟が作ったほうがはるかにおいしいのである。ま

た、弟もイソイソと台所に立っているから、それでいいと思っていた。

「あたしが変なものを作って、下痢でもして受験できなかったら、それこそ大ごとだろうが」

と反論したら、ブツブツいいながら母親は納得したようだった。

しかし冷静になって考えてみると、母親が怒るのももっともであった。何かの間違いで将来結婚してしまって、年がら年中フライパンと包丁を持って台所で呆然《ぼうぜん》としている妻、などというのは目もあてられない。

そこで私はあるとき、母親と弟にむかって、

「今日のおやつは私が作るので、楽しみに待っているように！」

と宣言した。弟は少しおびえた目をしながらも、「ふーん」といった。母親は、

「あーら、そう。そりゃあおもしろいわ。あたし、楽しみにしてるわ。ねー、ピーコちゃん」

と飼っているインコに同意を求めて、私のことをバカにした。私はムッとして、

「絶対に二人をアッといわせてやるからな」

と心に決めた。そのアッといわせてやるものがコーヒーゼリーだった、というのは少々情けないが、私が自信を持って作れそうなのはこれぐらいしかなかったのである。

それも、新聞の家庭欄にあった〝誰《だれ》にでも簡単にできるお菓子〟に載っていたもので、準備するものもコーヒー、ゼラチン、砂糖しかないという、間違えるハズなど皆無というしろもの。

私は、ひきちぎったコーヒーゼリーの作り方を横目でみながら、コーヒーの分量を計った。ところが私の予想に反して、インスタント・コーヒーの粉は、ハカリの上でものすごい山になっている。気がついたら、コーヒーの小ビンはほとんどカラになっていた。おかしいなあと思った。もう一度材料のところとハカリのメモリを見ても、間違ってはいない。

「これでいいのだ」

私は天才バカボンのパパのようなセリフをいって、自分を励まし、ナベに入れて火にかけ、コーヒー液を作った。ところがこれがものすごいニオイ。フワーッとただようコーヒーの香り、などという生やさしいものではなく、台所全体に、のけぞるようなこげたニオイが充満したのであった。

「これはエライことになった」

またやってしまったか、と思った。しかし私は、〝誰にでも簡単にできる〟という作り方を見て、寸分も、メモリ1gたがわぬ完璧《かんぺき》さでコーヒーゼリーを作っているのである。それにしてはナベの中のコーヒー液は、おいしそうなコーヒー色というよりも真黒に近い。まあ、これにゼラチンを加え冷蔵庫に入れれば、「一口食べたら、まあ、おいしい」というようなゼリーができるのだろうと、あまり深く考えないことにした。

しばらくしたら、鼻をヒクヒクさせながら猫《ねこ》のトラちゃんがやってきた。おわぁおわぁと鳴きながら、不思議そうな顔をして台所をあちこち嗅《か》ぎまわっている。トラちゃんはなかなか嗅覚《きゅうかく》が鋭く、以前にもマグロフレークの炒《い》り煮がこげつつあるのを逸《いち》早《はや》く察知して母親に教えにいったという賢い子なので、再び私は不安になった。

「ニオイのもとは、これなんですけどね」

そういって、トラちゃんの鼻先にナベを持っていくと、トラちゃんはウッとのけぞって、何もいわず足早に去っていった。

「ちょっと、あんた、すごいニオイね」

母親が顔をしかめてやってきた。私はこいつが来ると、ちゃんと出来るものも出来なくなってしまうと思い、

「あー、うるさい、うるさい」

と台所の中に入るのを阻止した。

「んまあ、気合が入ってること。こりゃあ楽しみだわ」

こうなったら私は、ほっぺたが落ちるようなコーヒーゼリーを作って、鼻をあかしてやらなければならない。私は示された手順どおりすべてとり行ない、きちんと型に入れて冷蔵庫のドアをパタンと閉めた。あとは出来上がりを待つのみである。

「もうちょっとだからねぇ」

明るく母親と弟にいっても、二人はフンと鼻でせせら笑って、

「はいはい、楽しみにしてますよ」

という。私はともかく二人の鼻をあかしてやりたい一心で、プリプリと固まったゼリーを皿《さら》の上にあけ、グラニュー糖で作ったシロップをかけて、

「ほーら、みろ。できたぞー」

と胸を張って二人の前に置いた。しかしやっぱり、例のこげたようなニオイがプンプンしている。

「見かけはママアねぇ……。でも、売ってるのより、ずいぶん色が黒いわね」

そういいながら母親はスプーンですくって口の中に入れた、そのとたん、

「ブババババ」

と音をたてて、ゼリーを口からベーッと吐き出してしまったのである。弟も舌をべ

ロベロしながら涙さえためているのであった。二人とも全く怒らなかった。私に対して何にもいわなかった。私は二人の鼻をあかしてやるどころか、自ら墓穴を掘ってしまったのである。私もそーっとひと口食べてみたら、ビーンと舌がしびれて食べられるようなものではなかった。

私は名誉のため、どこが間違っていたのかを調査することにした。誰にでもできる簡単なお菓子などというウソをついた料理研究家の首をしめてやりたくなった。ところが、じっくりその作り方を読んでみると、肝心のコーヒーのグラムはコーヒー豆のグラムで、それを使っていれたコーヒー液を使うように、と書いてあったのである。それを私はてっきりインスタント・コーヒーの粉を使うもんだとカン違いしてドバドバいれてしまったのだ。そのうえ一番最後には、インスタント・コーヒーを使う場合のグラム数がきちんと示してあるではないか。

「私が悪かった」

私は素直に自分の非を認め、母親に事件の真相を述べた。すると彼女は、

「だから、あんたはいつもそうなのよ。小学校のときだって、算数の文章題をろくに読まないで答を書くから、つまんないところで間違えてたじゃないの」

と声を荒らげ、今になってはとりかえしのつかない、小学校低学年時代のミスまで

ひっぱり出してきてなじるのであった。私はお代官様の前でひたすら頭を下げる農民のように、反論できるような立場ではなかった。

あとから計算してみると、私が作った五人分のコーヒー液を固めたものと判明した。それ以来母と弟は、コーヒーゼリーは、実は六十人分のコーヒーゼリーを目にするたびにお互い目くばせして意味ありげにうなずくようになり、私は炊事担当にはなれず、木工ノコギリ配線・結線担当として力を発揮するしかなくなってしまった。

だから今でも私は自炊しながらも、他人からみたらひどいものを食べているのではないか、と不安になることがある。料理を作って満足したということなど一度もないような気がする。毎日冷蔵庫の中の残りものをかき集めて残飯整理をしているようなもので、いまひとつ喜びにとぼしい。誰かが食べてくれて、

「おいしい」

といってくれれば喜びも湧《わ》いてくるかもしれないが、自分で作って自分で食べることほど張りあいのないものはないのである。私の場合は、食べておいしいだの、まずいだの、といってくれる人間がハナからいないので、

「チェッ、一人ぐらい男を、こっちにまわしてくれたっていいじゃないの」

と、クダをまいていればそれで済む。しかし、今までそういってくれた人がいて、

その人を突然失ってしまったら、女の料理は日常的なものだけに、より悲しみは深くなってくる。一時代前の料理本に「マッサージと料理の上手な妻は一生夫に大事にされる」というのがあって、私はそうだろうなと思いつつもムッとした記憶がある。

「どうせ私は、こんなんじゃすぐ捨てられるわよ」

と二度とその本を開きたくなくなった。

私が自炊をしているのも、外食よりも栄養的によろしい、ということと、材料さえ腐らせなければ外食よりもコストが安い、それに食わなきゃ死んでしまうということがある。家に料理を作ってくれる人がいたら、私は全く料理をやりたくない。それは面倒くさいからである。料理をするよりも、他《ほか》にやりたいことが山ほどあるからである。興味はあるが、実際に三度三度全く異なった献立を作るなんてゴメンだ。一人暮らしの男が三度外食していても「仕方ないね」といわれるのに、一人暮らしの女が三度外食しているといったら、ほとんどの人が、「どうして自分で作らないの」というだろう。そして口には出さねど（女なのに）ということばがくっついているのである。

私は、日常的な料理を仕方なくやっている主婦も結構いるのではないかと思う。三度外食にしようと思えばそれも可能な私は、彼女たちから比べれば、「おいしいと誉《ほ》めてもらえる喜び」はないにしても、「いやいや作る苦痛」はない。

「茶粥《ちゃがゆ》の記」は昭和十三年に発表された作品である。主人公の清子は永いこと区役所の戸籍係をしていた四十一歳の夫を亡《な》くしたばかりである。食道楽の夫と粥作りの名人の清子は子供がいないせいか、夫婦仲もよく、同居している姑《しゅうとめ》とも折り合いがよい、という幸せを絵にかいたような家庭である。食道楽といっても、夫は食べあるきをしたわけでもなく、ただ、本で得た知識の記憶と想像力で食べ物の話をする。そしてその話をきいただけで、人々は夫のことを食通だと認めてしまうのである。これが千年も万年も続けば何の問題もないが、気の毒にもこの主人公の清子の夫は、四十一歳で突然に亡くなってしまったのであった。

夫に先立たれた妻のほうは、いつまでもいつまでも夫のことを思い出してしまう。それは、毎日食事をするたびに、

「そういえば、あの人は……」

と思い出すのである。清子はそれを腹立たしくも思ったりするのだが、粥を作って夫に喜ばれたこと、近所に火事があったときに、梅干しの壺《つぼ》を大事にかかえてウロウロしていた姿が頭の中から去っていかないのである。いつも役所には塩鮭《しゃけ》弁当をもっていき、同僚からタマゴ焼きのおすそわけにあずかっている夫。妻の作る粥が好物の夫が、山海の珍味、普茶料理、懐石に思いをめぐらせ興奮して話をする。キンピラゴ

ボウや昨晩残しておいたコロッケを弁当箱に詰めながら、妻は、夫が興奮して話していた料理の数々を、いつかは食べさせてやりたいと思っていたはずである。夫のほうも、

「想像しているほうが楽しい。好きなものがいくらでも食べられる」

といいながらも、自分の分を考えてガマンしていたのではないだろうか。まだ〝妻は夫をいたわりつ、夫は妻にしたいつつ〟が残っている時代の、悲しくも美しい夫婦愛の物語である。

「清いなあ」

と思う半面、毎日毎日きちんと食事を作ってそのうえ弁当をもたせるという、私から思えば信じられないくらい妻としての務めを果たしているのに、それ以上に悔いが残っている。「いくらやってもやりすぎがない」のが家事であるといわれるが、それをふと思い出し、女のすべては日常生活の家事に凝縮されているような、何やら恐しい気もしてきたのであった。

18冊目　志賀直哉《なおや》「網走《あばしり》まで」

ドキドキしながら読んだ教科書

男の子は黙って首肯《うなず》いた。母は包の中から四五冊の絵本を出してやった。中に古いパックなどが有った。男の子は柔順《おとな》しく、それらの絵本を一つ一つ見始めた。その時自分は、後《うしろ》へ倚りかかって、下目使いをして本を見ている男の子の眼と、やはり伏目をして端書を書いている母の眼とが、そっくりだという事に心附いた。

自分は両親に伴われた子を――例えば電車で向い合った場合などに見る時、よくもこれらの何の類似もない男と女との外面に顕《あらわ》れた個性が小さな一人の顔なり、身体《からだ》つきなりの内に、しっとりと調和され、一つになっているものだと云う事に驚かされる。最初、母と子とを見較べて、よく似ていると思う。次に父と子とを見較べてやはり似ていると思う。そうして、最後に父と母とを見較べて全く類似のないのを何となく不思議に思う事がある。

「清兵衛と瓢簞・網走まで」より抜粋（新潮文庫版）

私は本を読むことが好きだったのに、どうして国語の授業のほうは好きじゃなかったんだろうと思うことがある。数学などに比べて点がマシだったのは、ただ単に他の学科よりも興味がある分、頭に残っている部分が多かっただけのことである。必死に勉強した記憶がまるでない。先生は一所懸命授業をしていたが、私のほうは全くヤル気がなく、全然関係ないことを考えていた。

「ま、いいや。別にこんなこと知らなくても、体力さえあれば生きていけるんだ」

が、私の心のささえであった。

国語の授業というと必ず先生が生徒を指名して本を読ませる。これが私にとっては苦痛であった。みんなが座っているなか一人だけ立ち上がって本を声を出して読む、ということに、私は非常に抵抗があった。生徒が勝手に黙読すりゃいいのにと、いつも思っていた。私の声がやたらに低くてききとりにくいうえ、本人もイヤイヤ朗読しているために、クラス中にきこえないこともある。そのたびに教師は、「もっと大きい声を出せ」とか、「感情を入れてやれ」などと怒る。私はそういわれると、「はあ」

といいながらも、そんな恥ずかしいことができるかと思っていた。

人の書いたものを感情を入れて読む、なんて私にとっては至難の業だったが、中には私がたまげるくらい感情たっぷりに朗読し、ごていねいに声を微妙に使いわけて一人芝居を演じる生徒もいた。半分あきれてそういう子の態度を眺《なが》めていると、本を読みながら、登場人物が女性になると男のくせに身をよじったりしていて気持ちが悪かった。しかし、そういう子のほうが先生にはウケがよかった。

「うむ、なかなかよく、登場人物の気持ちをつかんでいるね」

などと誉《ほ》めた。

私は、気持ちをつかんでいるというよりも単にその子が人前でいろんなことをするのが好きなだけだ、と思っていた。というのも、身をよじりよじりみごとに朗読したその子よりも、何の抑揚もなくムクれながら本を読んだ私のほうがテストの点がよかったからである。人間には適材適所があるから、これからは本を朗読するのが好きな生徒にだけ集中的に本を読ませたほうがいいんじゃないか、という気がした。

クラスのほとんどの子は、私とおなじように、立って本を読まされるのが好きではなかった。中には新学年になって国語の教科書が手に入ると、内容をチェックする心配性のカッちゃんという男の子まで出てきた。そして、

「何ページの何行目に、こういうことばがある。オレは絶対ここは読みたくない！」

と一方的にいうのである。

「あんたがそんなことといったって、しょうがないじゃない」

といっても、

「みんなの前で本を読むのさえみっともねえのに、それ以上の恥をかくのはイヤだ！」

とムキになっていう。

彼が絶対読みたくないといったのは、「走れメロス」の一部分だった。メロスは一所懸命友人のために走っているうちに、まとっていた服がとれて裸になってしまい、小説のおしまいのところで「メロス、君はまっぱだかじゃないか」と友人に言われるくだりがあった。彼は、その〝まっぱだか〟などということばをみんなの前でいえない、というのである。

私たちは、それをきいて、

「うーむ」

と納得した。みんながしーんとしているなか、〝まっぱだか〟といわされることを考えると、彼の意見に賛成せざるをえなかった。

「ちくしょう。どうして太宰治《だざいおさむ》はこんなことばを使ったんだろう」

彼はまだしつこくいっていた。

「しょうがないでしょ。服がとれたんだからさあ」

女の子がいっても、彼は〝まっぱだか〟に異常な執着を燃やし、

「こういうことばが書いてある小説を、教科書に使うこと自体、間違いである」

とまでいうのである。

「だって、これ美しい友情の物語だわよ」

「ひとつのことばにこだわってないで、どういうことが書いてあるかを考えなきゃいけないのよ」

みんなは口々にいった。しかし、

「じゃあ、おまえら、ここのところ先生にあてられて平気で読めるか？」

といわれたら、やっぱり自分は読みたくなかった。

「やだー、オレ、絶対やだー」

心配性のカッちゃんは、一人で騒いでいた。それでもまだ不安はぬぐい去れなかったらしく、授業中ではしたこともないのに授業の前に、はぁい、と手を上げ、

「先生、あの……あの……走れメロスは授業でやるんですか」

ときいた。先生はニッコリ笑って、

「ああ、やるつもりだ」

といった。カッちゃんは、

「そうですか……」

と力なくいったっきり黙ってしまった。

一学期は何事もなく済んだ。二学期になってみんな顔をあわすと、カッちゃんの方をむいて、

「さあ、二学期は走れメロス、やるかなあ」

といってみた。

「うるせえな」

カッちゃんは強気でいっていたが、目はおびえていた。

今の早熟な子供たちからは信じられないが、まだ私が制服を着て学校に行っているころは、本当につまらないことで興奮していた。〝裸〟とか〝股《また》〟という漢字を見ただけで、見てはいけないものを見てしまった、とても恥ずかしかった。クラスの男の子が、タタミの下に「平凡パンチ別冊　ＯＨ」という男性雑誌を隠していたのが母親にバレてしまい、失神せんばかりに驚愕《きょうがく》した母親が、オンオン泣きながら担任に、

どのように対処したらよいかとすがったくらいである。そういう時代に、目でみて恥ずかしいことばを口に出せ、というのは、子供にとって酷なことであった。

残念なことに、二学期に、「走れメロス」の授業は行なわれた。

「今日は、新しいところだな。走れメロスをやろう。そうだ、勝田、おまえ、走れメロスを楽しみにしていたようだから読んでもらおう」

先生は心配性のカッちゃんが、授業でやるのか、とたずねた真意を誤解し、カッちゃんが「走れメロス」を心から学びたがっていると思ったのである。

私たちは、あまりのことにプッと吹き出して机の上につっ伏し、ヒクヒクと肩をふるわせた。世の中で運の悪い人というのは、カッちゃんのような人のことをいうのではないかと思った。カッちゃんは、耳まで真っ赤になってモジモジしていた。先生は、なかなか立たない彼にイライラし、しまいには、

「何してるんだ、おまえ！　さっさと読まないか」

と、怒り出した。カッちゃんはボソボソと読みはじめた。読みながらも〝まっぱだか〟が気になるのか、声は沈んでいた。私たちも内容なんかウワの空で、カッちゃんはあの〝まっぱだか〟をどのように処理するか、と教科書を見ながらそればかり考えていた。私の隣りの席の男の子は、あと二行、あと一行とブツブツいっていた。カッ

ちゃんは、やはり、このことばの前でウッと詰まった。まわりからは、「もう思い切っていっちゃえ。そうすれば楽になるぞ」と刑事が犯人にいうような声もきこえた。カッちゃんは深呼吸をしたかと思うと、ガラス窓がヒビわれるような胴間声で、「まっぱだかぁ」と怒鳴った。私たちはホッとするやらおかしいやらで、また机につっ伏して肩をヒクヒクさせた。長い長い授業がおわると、みなワッとカッちゃんのまわりに集まって、笑いながら、「ついてねえなぁ」「もうこんなこと、ないからさぁ」となぐさめた。カッちゃんは相変らず顔を真っ赤にして、

「いいよ、もう」

と、ぶっきらぼうにいった。

しかし、教科書に載っていた〝恥ずかしいことば〟は、まっぱだかどころではなかった。

あるとき、珍らしくみんな教科書を開いて、騒いでいることがあった。「やらしー」「やだー、あたし読まされたらどうしよう」という声がきこえる。「どうしたの？」とたずねると、みんな口々に「網走まで」はすごい、というのである。

「まっぱだかどこじゃないんだぜ、ほら」

と指さされた所を見ると、私の目に、〝乳首〟ということばがとびこんできた。ギョッとしていると、

「ほら、ここにも」

といって、また指さす。そこには〝股の間へ手をやって見た〟とあった。これは母親と赤ん坊の間でのことであり、しごく当然な行為なのだが、オシベメシベを少し卒業し、どうもあっちの分野に興味がいってしまう年頃《としごろ》だった私たちは、ヒャーヒャーとわめいた。文字を見て興奮した気持ちを、わけのわからない叫び声でまぎらわしていたようだった。

「これは、シラフじゃ読めないぜ」

などと、とんでもないことをいう男の子まで出てきた。文部省は何を考えているのかという声もあった。「網走まで」を授業でやったときも、内容がどうのこうのというよりも、私たちにとって刺激的なことばばかり気になってどうしようもなかった。クラスの中で、かわいそうな一人の男の子が犠牲になり、消え入りそうな声で「乳首を含ませ」「股の間へ手を……」と読んだ。読み終わると先生は、

「しみじみとした、いい小説だろう」

といった。しかし私たちは、〝乳首〟と〝股〟の毒気にあてられてボーッとしてい

たらしく、誰《だれ》一人として先生のことばにうなずくものはいなかった。

「どうしたんだ?」

先生は不思議そうにいった。後ろの席の男の子がボソッと、

「だって、乳首と股なんだもん」

といった。その子を中心として半径一メートルの席にいた私たちは、プッと吹き出してうつむいた。先生はムッとしてこっちをにらみつけ、

「君たちはこれを読んで、本当に何とも思わないのかね」

と再びたずねた。しかし私にとっては、「網走まで」という小説は、ただうるさい子供に手を焼かされ、そのうえ乳《ち》のみ児《ご》をかかえて、遠くまで旅をしなければいけない若い母親の話でしかなかった。

当時、西武新宿線でも山手線《やまのて》でも、胸のところをおぶいヒモでバッテン印にしめつけた若い母親の姿をまだみかけていたから、たいして心を動かされる話でもなかったのである。混《こ》んだ電車で、赤ん坊が全身火の玉のようになって「ウギャー」と泣いてのけぞると、耳がジンジンした。赤ん坊の泣き声を聞いていると悲しくなってだんだん腹が立ってくるのだ。まだ子供だった私は、そういった母親の苦労をおしはかることもできず、

「うるさいなぁ。何とかならないの！」

と不愉快な気分でいることしかできなかった。

ところが、〝裸〟〝乳首〟〝股〟はもちろん、もっとすごい文字を見ても何とも感じなくなった今、「網走まで」を読むと、なかなか胸をうつ話だったんだなあ、と思う。子連れの若い母親と同席する、主人公である〝私〟の気持ちがとてもよくわかるようになった。子連れの家族を目にすると、「あの子供の目は母親にそっくりだ」とか「歩き方が同じだ」とか、当人にしてみれば空想のネタにされていい迷惑だろうけれど、いろいろと楽しませてもらうことがあるからだ。服装、容姿などに目をうばわれず、〝ボロは着てても心の錦《にしき》〟である人も多少は見分けられるようになってきた。列車の中で、同席している男性がいるのにもかかわらず、赤ん坊に授乳しなければならない若い母親。「やあね、やあね」と単純に騒いでいたころと違って、そうしなければならない女の人の日常生活を思うと、「大変だなぁ」と思う。それに、主人公である〝私〟が想像する彼女の夫である男と、母親の苦労も知らずに、ただ自分勝手にグズる子供に対する軽い憎しみ。その憎しみも、最近になってやっとわかってきたのである。

教科書に載っていた作品というのは、その場限りで読み捨ててしまうものが多い。

しかし私は最近の小説よりも、教科書で一度習ったはずの作品を読むほうが、ずっと新しい発見がある。

「ああ、一番最初に読んだ時よりも、少しは人間的に進歩しているな」

と、自己満足できるのも、また喜ばしいことなのである。

19冊目　田村俊子《としこ》「女作者」

原稿を書くのは楽しいか

「おれは知らないつて云つたんだ。何だい。どれほどの物を今年になつて書いたんだ。今年一年の間に何百枚のものを書いたんだ。もう書く事がないなんて君は到底駄目だよ。俺に書かせりや今日一日で四五十枚も書いて見せらあ。何だつて書く事があるぢやないか。そこいら中に書く事は轉がつてゐらあ。生活の一角さへ書けばいゝんぢやないか、例へば隣りの家《うち》で兄弟喧嘩をして弟が家《うち》を横領して兄貴を入れないなんて事だつて直ぐ書ける。女は駄目だよ。十枚か二十枚のものに何百枚と云ふ消しをしてさ。さうしてそれ程の事に十日も十五日もかゝつてゐやがる。君は偉い女に違ひない。」
　男の聲は時々敷石の上を安齒の下駄で驅け出すやうな頓狂さが交つてぽん〳〵と斯う云ひ續けた。女作者の顔は眼が丸くなつて行くに伴れて眉毛がだん〳〵に上つて行つたが、泣くどころでなくて、失笑《ふきだ》して了つた。

「あきらめ　木乃伊《みいら》の口紅」より抜粋（岩波文庫版）

私が物書き専業になってから、はや二年が過ぎた。

「何であたし、こんなことしてなきゃならないんだろう」

と思うこともある。じっくり自分で考えて決めたというよりも、子供時代から途中をすべてすっとばして現在に至っている、といった具合で、なぜ今ここで私はこのようにしているのか、「コギト・エルゴ・スム」なんていうことばさえ浮かんできたりするのである。で、結論が出るかといえば当然の如《ごと》く出るワケがない。「どうしてこんなことしてなきゃいけないんだろう」と考えているときは、原稿を書いてもろくなことにはならないので、真向法の前屈体操と、のけぞり体操をやって、サッサと寝ることにしている。

次の日に起きても、いまひとつやる気が起きない。タタミの上に寝っころがってダラダラしている。そして、平日だというのに、こういうときに限ってウチの母親が、「あたしよ、あたし、開けてちょーだい」とドアの外でわめいて急襲してくるのである。

ドデッとひっくりかえっている私の姿をみると、

「ホレ、やる気をどんどん出して、親にマンションの一軒でも、ボーンと買ってやって！」

と人の気も知らずにハッパをかける。

そのうえ、つま先で私の体を軽く蹴《け》ったりする。

「そのやる気が起きないの!!」

と、ふてくされていうと、必ず母親は金太郎の絵本の話をするのである。

この話は私が三十二年間生きてきて何万回聞かされたかわからない話で、実家にいるときにこの話が始まると、関係のない弟まで嫌《いや》がって逃げるくらいなのである。その話というのは、まだ私がヨチヨチ歩きの赤ん坊のころのことである。当時住んでいた小石川界隈《かいわい》を、私は手をひかれて散歩していた。そして、本屋が近づくと私は急に歩くのが速くなり、どうするのかと手を離してみると、ヨチヨチ歩きながら本屋さんに入っていき、そこの土間にぺったりと座って、棚《たな》に入れてある金太郎の絵本を勝手に膝《ひざ》の上に広げて、じーっと見ていたのだという。物もろくに喋《しゃべ》れないのに、お菓子屋などに入っていくのならわかるが、本屋に入っていくというのは、相当本が好きなのだろうと夫婦で相談し、私は家に金がなかったわりには、山のように本を持っていたのである。

「だからね、あんたがこういう仕事をしてるのも当然なんだからね。赤ん坊のときからこうだったんだから。ちゃんと気を入れてやらなきゃダメだよ!!」

いつもこのセリフで終わるのである。

私はまた始まったと思ってただボーッとしてこの話を聞いているのだが、一番面白《おもしろ》くないのは、なぜ金太郎の絵本なのか、ということである。「つるの恩がえし」「うりこ姫」「安寿《あんじゅ》と厨子王《ずしおう》」「鉢《はち》かづき姫」など感動的な内容で、かわいそうだがきれいなお姫さまが出てくる絵本もたくさんあったはずなのに、その中から、まさかりかついで熊《くま》にまたがった金太郎の絵本を選択した、赤ん坊のときの私にそら恐しさを感じる。だからチラッと、母親のいうことも真理なのかな、と思うこともあるのだ。

「みなさい、イトコのミッちゃんだってそうでしょ」

と母親は、いつものように自分のいったことには間違いなどありえないという口調でキッパリといい放った。このイトコのミッちゃんというのは、三つか四つのころ、正月にテーブルの上に置いてあったおとそを飲んで酔っぱらい、おもちゃ箱の中からデンデン太鼓をとり出しては、すりこぎで狂ったように叩《たた》きまくり、最後には鼻血を出してぶっ倒れてしまったという逸話の持ち主なのである。で、今は何をしているかというと、音大在学中にバンドを作って女ドラマーにおさまってしまい、卒業してもどこにも就職せず、バンドのメンバーと日本国中巡業して歩き、今は九州にいるらしい。

それならば、同じように幼いころに酒を飲んで酔っぱらい、自分のパンツを頭からかぶって、

「パンツー、パンツー」

といいながら部屋の中を闊歩《かっぽ》した我が弟はどうなのだ、とたずねたら、母親は聞こえないフリをしていた。都合の悪いことはすべて無視するのである。弟はパンツ関係の会社に勤めているワケでもなし、そんな理屈は成り立たないのだが、母親は、

「三つ子の魂、百まで!!」

と自分の話をことわざでしめくくれば正しいようにきこえるという、いつものテクニックを使ってガンとしていい張る。つまり、私は生まれながらに持っていた好きな世界で仕事ができるのだから、四の五のいわずにとっとと働け、というのである。世の中には、自分がやりたい、なりたいと思う仕事につけない人もいるのだから、ありがたいと思えという。

母親がいうように、私は本が好きだった。一生、ダラダラしながら本は読んでいた

いと思ったことは事実だが〝物を書いて暮らしたい〟と思ったことは一度もなかった。母親はそのへんを理解していないから十把《じっぱ》ひとからげにしているが、〝読むのが好き〟と〝書くのが好き〟とは、やっぱりひとくくりにできないのである。

私が子供のころに読んでいた単行本の最後には、必ず著者のハンコが押してあった。ごていねいにその上に四角く切ったハトロン紙が貼《は》りつけてあるのもあった。私はそれを見るたびに、山のように原稿を書き、やっと本が出来上がると一冊一冊にハンコを押し、いくばくかのお金を手にしたとたん結核で死ぬ、というやせこけた物書きの顔が浮かんだ。ハンコの朱色に、物書きの怨念《おんねん》がこもっているような気さえしていたのである。辛気くさくて暗い職業だなあと思っていた。だから、本を買ってタタミの上に寝っころがり気楽にセンベイでもかじりながら本を読んでいる生活のほうがずっとよかったのである。

今までを考えると、私の現在は、女性週刊誌によく載っている、「質問にYES、NOで答え、ふたまたに分かれているところを指示どおりに進んでいくと恋愛運がわかる」といった二者択一の簡単占いのようなものだった。これとこれだったらこっち、と次々に片方を捨てていったらば今の仕事に行きついてしまった。もしも新しい選択肢《し》が出てきてそっちのほうがよければ、もともと適当で執着心がないからホイッと転職してしまうだろう。

たまに若い女の子と話していると、彼女たちは〝私は物を書きたくてたまらない、子供のころからずっとそう考えていた。学校もアルバイトも、将来そういうことにつながっていくようなものばかり選んできた。だから「何がやりたいのか」と聞かれると、「書きたい」というようにしている。そうすると、それを覚えている人が仕事をくれるから〟というのであった。私はこういう人たちに会うたびに、「すごいなあ」と感心してしまうのである。そして彼女たちは私のことを、うらやましくて仕方がない、という。そういわれても、私は頭をボリボリ掻《か》いて、「うー」というしかない。一つの目標にむかって刻苦勉励して現在に至り、のぼる朝日を指さしながら、「見たか、故郷の母よ弟よ。私はこれからもがんばるぞー」

ということとは正反対の生活だからである。

〆切《しめきり》が近づくと、だんだん憂鬱《ゆううつ》になる。机の前のスケジュール表には、赤い太字ペンで〆切日が囲んであるが、知っていながら知らないそぶりをして自分自身をゴマカす。本を読んだり、編物をしたりしてギリギリまでゴマカす。そしてにっちもさっちもいかなくなって、やっとこさ重い腰を椅子《いす》の上に乗せて、タメ息をつきながら枡目《ますめ》を埋めるのである。原稿用紙ってどうしてこんなに二百個も四百個も枡目があるのか、と腹が立ってくることもある。読みたいと買ってきた本が、机の横でピサの斜塔のようになっている。本はいくら読んでも読み足りないし、編物もいくらやっても編み足りない。しかし、原稿は書き足りないということはないのである。横目でにらみながら考えるのは、「どうしてこんなことしてなきゃならないの」ということだけである。中には積んでおいてそのままになり、何年後かに手にとるとゴキブリのフンで汚れていることがあって、とても悲しい思いをする。しかし、これを仕上げないとお金が入ってこない。読みたい本が買えるのも編みたい毛糸が買えるのも、この仕事をしているからだ、という結論に達すると、

「わーん」

と泣きながら、また一つ一つ枡目を埋めはじめるのである。

それでもまだ枡目が埋められるときはいい。一番困るのは、ダラダラと自分を甘やかしてゴマカし続けたあげく、いざ机の前に座ったとたんに頭の中が真白になってしまうことである。本当ならば短期集中型でなんとか原稿ができあがるはずなのに、一文字も書けない。断片的にいろいろなことは浮かんでくるが、それの一つ一つは、指定された枚数をクリアできるようなものにふくらんでいかないのである。ここで私はアセる。こんなハズではなかったと思う。ガソリンを入れなきゃ動かない、とコーヒ

ーばっかり飲んでしまうが、結局右手は全く動かない。

知り合いの編集者に聞いたところ、〆切日を連絡すると、翌日すぐに「書いちゃった」といって原稿を持参する人がいるらしいが、編集部では陰で彼のことを「悪魔に右手を売った男」と呼んでいるそうである。私には信じられないことである。

右手が動かなければ何の役にも立たない。役に立つまでどうするか、というと再びタタミの上に寝っころがって、ピサの斜塔から本を一冊抜きとり、パラパラめくって適当なところから読みはじめる。ところがここで本の選択を間違えると、気分転換どころかますます落ち込むのである。

田村俊子の「女作者」の出だしはこうだ。

「この女作者の頭脳《あたま》のなかは、今までに乏しい力をさんざ絞りだし絞りだし為《し》てきた残りの滓《かす》でいつぱいになつてゐて、もう何《ど》うこの袋を揉《も》み絞つても、肉の付いた一言も出てこなければ血の匂《にほ》ひのする半句も食《は》みでてこない。」

私はギャッと思わず本をとり落しそうになる。よりによってこんな時に、と怒りをとおりこして悲しくなってくる。しかし、そういった状況を彼女はどのようにやり過ごすのか、と思って私はおそるおそる読みはじめる。

彼女はどんなときでも濃い化粧をしている。鏡の前に座って白粉《おしろい》を溶いているときに限って、面白いことを思いつくのが癖になっているからである。そして水に溶いた白粉を顔にぬりつけているときに、だんだん思いついたことが形にまとまっていく。書くものはたいがい白粉の中から生まれてくるから、彼女は白粉のにおいがないと不安でたまらないのである。

物書きになりたい女の子たちに、「どういうときにテーマが浮かぶのか」といわれて考えてみると、フロに入っているとき、本をパラパラめくっているとき、編物をしているとき、遊びに来るスズメやハトにエサをやっているとき、部屋の中でただゴロゴロ寝っころがっているときなどで、机の前で腕組みしていても何も思いつかない。日常生活の中でひとつのきっかけとなるような自己中心的な楽しみがないと、私は原稿なんか書いていられない。

白粉のにおいがないと書くきっかけがつかめない彼女は、だんだんいくらお化粧をしても物が書けなくなってきた。「うーん、こういうこともありうるな」と、読みながら明日は我が身という気がしてくる。そして彼女はイライラして、亭主《ていしゅ》に八ツあたりしたり、泣いたりするのである。ところがこの亭主が、衿首《えりくび》をつかまれて引き倒されそうになっても無言でじっと耐えているような男なのである。私には八ツあたりするような男はいないが、よくよく考えてみると、電話をかけてきた編集者に、彼は何も悪くないのにムッとしたりしてしまうことがあった。こういうことがあるたびに、私は自己嫌悪《けんお》に陥ってしまう。つくづく嫌な女だなぁと思う。だんだん性格が悪くなっていって、年をとったら相当な因業《いんごう》ババアになるんじゃないかと恐れている。結局この小説の中の彼女も原稿は書き上がらない。少し私はホッとした。書けない書けないとアセった事実を、そんなに簡単に解決されてはたまらないからである。私は最近、物書きというのは〝書けない〟と〝書けた〟のどうどうめぐりで生活しているのだと思うと、むなしい気分になるのである。

20冊目　佐藤春夫「美しい町」

マイ・ホームなんかいらない

実在するものよりも幻の方が美しいとは、昨日までの私のような馬鹿の言うことである。幻は美しい。そうして実在するものはもっと美しい。しかも、われわれの『美しい町』は決して出来ないのだ！　私には金がないから！　それに要する大切な天分——金がないのだ、天才があると自欺《じぎ》して、ついには人からもそう思い込まれて心の昂《たかぶ》った芸術家が、身のほどを忘れてうっかり途方もない大きな作品にとりかかってから自分に何の天才もないことを自覚して度を失っているのにも、私は似ている。私には今、はっきりそれを自覚しなければならない時が来た。——明後日の夜七時になれば、土地周旋人が狡猾《こうかつ》げな押しつけるような態度で私の返答を聴きに来るのに面会しなければならない。〇〇百〇万〇千円の支払いに対して私にはもう三万円もない。それは周旋人に支払う周旋料の三分の一にちょうどよかろう。私は彼奴を一ぱい喰わせてやった。

「日本の文学31　佐藤春夫」より抜粋（中央公論社版）

このあいだふと考えたら、私にも母親にも、財産とよべるものが何一つないのに気がついた。私が住んでいるのは賃貸の集合住宅である。母親と弟が住んでいるのも同じような所であるが、大家さんが十年前から多少ボケはじめ、家賃がそのときからほとんど変わっていないという状態である。それゆえ3DKの家賃とは思えない金額で、ダニのように十六年間も住み続けている。

世の人々は五十歳をすぎれば、何かしら財産を持っているものだ。老後を必ずみてくれる安定した生活を送っている優しい子供たち、不動産、木の葉っぱの模様のついた金ピカ金貨。金銀サンゴ、宝石のたぐいなど、「これで老後はバッチリ、三点セット」といえる、財産という心のよりどころがあるものである。ところが私たちにはなーんにもない。サッパリするくらい何もないのである。

思えば父も母も、不動産、特に家を持つことには全く興味を示さなかった。子供のころから借家住まいで何度も引越しをした。父親がそこに住んで飽きると、勝手に家をみつけてきて急遽《きゅうきょ》引越し宣言をする、そのくりかえしだった。でも私たちは、引越しがまんざら嫌《きら》いでもなかった。新しい場所に移ると、そこには今まで知らなかったものがたくさんあるからだった。あちこち町の中を探検してみるのも結構面白《おもしろ》かったのである。

小石川から練馬《ねりま》に引越したときは、家の前にだだっ広い野原があって、タンポポが群生していた。ドブには糸ミミズがたくさんいて、わしづかみにして金魚のトトちゃんにあげると喜んでバクバク食べた。消防署が近くにあったもので、弟と手をつないで消防自動車を見にいくと、ヒマな消防士さんが自動車に乗せてくれたりした。その次に引越した所は古い家で、フロを沸かすのに薪《まき》を割って焚《た》きつけなきゃならなかった。フロ沸かしのひょっとこの役は一方的に私と決められた。私は小学生のときに、薪を割ってフロを沸かしていたのである。まるでシンデレラのようであった。でも、この火遊びもなかなか面白く、ゴキブリの死骸《しがい》や算数の十三点のテストをこっそり燃やしたりした。

ところが、やっとフロを焚くのが上手になったころ、再びというか三たび引越すことになった。突然山のような仕事が父親のもとに殺到し、ケタちがいの金額が銀行口座に振り込まれたからである。一般的な考えであれば、家族もいることだし、フリーという立場上、ボーナスがわりに家族が好きなものを買って、あとはのちのちのため

に貯《たくわ》えておこうという安定路線で進んでいくものだ。しかし、父親はまるで天下を取ったように有頂天になり、

「これで、でっかい家に引っ越せるー!!」

と、はしゃぎまくっていたのであった。母親は、いつものようにそういう父の姿を冷たい目で眺《なが》めながらも、

「やっと、家《うち》にも運がめぐってきた」

とボソッといった。

二、三日たって、父親はまた勝手に家をみつけてきた。

「今度の家はカッコイイぞー。そんじょそこらにある家とはワケがちがうぞ」

と一人で自慢していた。

「どんなふうな家なの？」

ときいても、

「ふふふ、引越したときのお楽しみだよーん」

などと子供相手にもったいぶる。今の状態より悪くなることはないらしいので、私は父親にもったいをつけられても、まあいいやと済ませることができた。母親も、どんな家に住むことになるのか全然知らなかった。母親がもしもその家が気に入らなく

ても、それが父親の考え方に何の影響も与えないことを知っていたからである。どうせダメなことはグジグジ考えるのはヤメにして、長いものには巻かれろ式でいたようであった。

引越しの当日、地図をたよりにトラックより先に現地に到着した私と母と弟は、件《くだん》の「そんじょそこらにある家ではない」家の前で、口をあんぐりあけて立っていた。それは確かに、そんじょそこらにはない家であった。どういう家かというと、今風にいえばロフトタイプの一戸建てだった。コンクリートが打ちっぱなしで、庭がドッジボールができるくらい広かった。家というのは屋根が三角形だと思いこんでいた私は、四角い家をみて、カッコイイというよりも間が抜けているような感じがした。おそるおそるドアを開けて中に入ってみて、またビックリした。ドアがマジックミラーになっていた。タタミの部屋などひとつもなかった。内装というか、壁もコンクリートが打ちっぱなし。天井《てんじょう》は白く床は木でできていて、最近のインテリア雑誌のグラビアによくでてくるような家であった。おまけに、フスマや障子で仕切られたこま切れの六畳、四畳半しか知らなかった私は、何の仕切りもない、だだっ広い体育館のような家の中をみて、ただボーッとするばかりであった。体育館の隅《すみ》っこに、台所があった。トイレをのぞいてまたびっくりした。天井がガラスばりになっていて、用を足しながら上をみると、青い空がみえた。そして、庭に面した側には雨戸なんていうものはなく、ただすどおしのガラス戸一枚があるだけだった。

「おかあさん、これボクが住む家なの?」

弟は不思議そうな顔をしていった。

「そうみたいねえ」

母親も困ったような顔でいった。

親子三人、家の中を右往左往していると、トラックの助手席に乗って父親がニカニカ笑いながらやってきた。

「ほほう、ハイカラな家ですなあ」

運送屋さんのおじさんがいうと、父親はますますニカニカして、

「そうでしょう。なかなかこれだけの家はみつかりませんよ」

と胸を張った。

「いいなあお嬢ちゃん、こんな家に住めて」

おじさんは私にむかっていったが、私は正直いって、うれしいのかうれしくないのか自分でもよくわからなかった。次々とトラックから、今まで使っていた家具が部屋の中に運びこまれた。私はだんだん淋《さび》しくなってきた。私たちが使っていたものと、

この体育館のような家とは全く異質のものであった。だいたい私たちは椅子《いす》つきのテーブルで食事をしていなかった。座布団《ざぶとん》にちゃぶ台でごはんを食べていたのである。おまけに寝ていたのはセンベイ布団で、ベッドではない。おしゃれなついたても、フロアスタンドも、ブラインドもない。ひき出しに鉄腕アトムのシールのついた私と弟の机も不似合いだった。

「この家で、ちゃぶ台でごはん食べるなんてカッコ悪いよ」

私がいうと、父親は大金が入ったものでふだんとちがってにこやかに、

「まかしといて下さいよ」

と明るくいい放った。そーっと母親のほうをみると、冷たい目をして父親のことをみていた。

「もう、はりきってダイニング五点セットを買ってきちゃうから」

まだまだ父親は、はしゃいでいた。その夜、すぐダイニング五点セットは運ばれてきた。それだけはこの家にピッタリだった。

「いいなあ、いいなあ」

父親はテーブルをさすって満足していた。私と母は、自分たちの寝るべき布団をかかえてウロウロしていた。母親の、あずき色の地に菊のもようのセンベイ布団も家に

あわなかったが、私のぼたん色に梅の花の柄《がら》の布団も、おしゃれな木の床に敷くには問題があった。

私たちはとてつもなくカッコイイ外観の家の中で、あずき色やぼたん色や深緑色の布団を敷いて枕《まくら》を並べて、何となくムッとして寝ていた。押し入れがないので、昼間はたたんだ布団を体操マットのように隅においやり、上から布をかぶせてゴマかしていた。それをみるたび父親は、

「カッコ悪いなあ。これからブラインドと一人一人にベッドを買わなきゃな」

といってハッハッハと笑った。しかし、半年たってベッドを買う必要はなくなった。山のように金が入ってきたその後、パタッと収入がとだえてしまって、家賃が払えなくなったからであった。私たちはついこのあいだまで住んでいた、薪で沸かす風呂《ふろ》がある古い家に、

「すんません」

といって戻《もど》った。大家さんの話によると、薪で沸かす風呂だというと誰《だれ》も借りたがらなくて、半年間ずっと空いたままだったということだった。

私は子供心に、どうしてあっちこっち引越すのかなあと思っていた。クラスの友だちの家もうちと同じように狭かった。遊びにいくと、小さい弟や妹が団子状になって

とっくみあっていた。いつもすぐそこに人の顔があるようだった。しかしその狭い家にガマンして暮らしていたかと思うと、どんどん一戸建ての広い家に引越していった。

「ふつうはね、ああやって狭くてもガマンしてお金を貯《た》めて、家を建てるんだよ」

と母親はいった。それをきいて私は、

「うちには貯まるほどのお金がないんだな」

と思った。

あるとき、父親と一緒に買物にいったかえり道、

「どうして、うちには家がないの」

ときいてみた。父親は一瞬ウッという顔をしたが、かたわらに建っている建売住宅を指さし、

「あんな家に住みたいか」

といった。その建売住宅は、五軒が建ぺい率など無視して建てられているようにみえた。みんな同じ形をして、窓から手を伸ばすとすぐ隣りの窓に届きそうだった。屋根は毒々しい朱色でへんてこなお飾りがついていた。門は真白でやたらゴテゴテしたすかし模様になっていて、グサグサとヤリの子分みたいなのが天にホコ先をむけていた。しばらく歩いていくと、小さな二階家なのに屋根だけは銭湯のように立派な家が

あった。その家の隣りは高床式住居みたいな変わった造りの家だった。

「めちゃくちゃなんだよな」

父親はいった。

「日本人は世界の中で田舎者だからな。外国人のように街全体のみた目をきれいにしようなんて全然思わないんだ。田舎者の中の田舎者が役人をやってんだからしょうがない」

父親はブツブツいったあと、本当に自分の気に入った家を建てようと思ったら、とてつもなくお金がかかる。小ガネをためて、どうでもいいようなカッコ悪い家に住むよりは、嫌《いや》になったらすぐ引越せるし、こんな家に住みたいとずっと想像していられるから借りてるほうがいいのだ、といった。家に帰って母親にいったら、珍らしく、

「それも一理ある」

といった。そういう調子だから、現在に至っても不動産は何もないのである。

佐藤春夫の「美しい町」は自分たちの気に入った、文字どおり美しい町を作ろうとした三人の男の夢物語である。場所は隅田川の中洲《なかす》で、その町に住める人々は、「最も好きな職業を自分の職業として択《えら》んだ人」「商人でなく、役人でなく、軍人でないこと」「そこに住む人は犬、猫《ねこ》、小鳥などの動物を飼うこと」などの条件にかなう人

であった。これだけ読むと、こんな魅力的な小説はない、と思ってしまうのだが、実際に読むと、それをうまくはぐらかされてしまう部分がある。それはやはり、しょせん夢は夢でしかない、その一部は現実にすることはできても、全《すべ》てを実現するのは困難であるということだ。しかしそのかわり、父親が話していたように、夢は実現しないから、いつまでたってもその中に浸って楽しめるのだ、ということも感じさせる。

この小説は一九二〇年に出版されたものだが、先の条件にかなうならば、夢の美しい町に住みたいという人は、現代にもいくらだっていそうな気がする。この小説が書かれた六十六年前、父親が、美観、環境を守るために、なんの制約もないとブックサ言った二十二年前、そして現在に至るまで、気持ちよく暮らしたいという人々の思いは変らねど、世の中の状況は何も変っていない。日本という国は、住宅とか街並をつくることに関しては、とても趣味の悪い国だと思う。普通の生活をしていると気がつかないが、ビルの五階などからふと外を見ると、あまりにメチャクチャで、「東京って空間がきたないところだなあ」とつくづく思う。

私は生まれ育った東京は好きだが、その中に根をはりたくないと思っている。少ない地べたを高い金で買い、そのために働くなんて、見事に親の血をひいてしまったが、あまりにバカバカしい気がしてくるのである。

21冊目　中勘助「銀の匙《さじ》」

大人が喜ぶ物語

伯母《おば》さんは私を育てるのがこの世に生きてる唯一の楽しみであった。それは、家はなし、子はなし、年はとってるし、なんの楽しみもなかったせいもあるが、そのほかにもうひとつ私を迷信的にかわいがる不思議なわけがあった。というのは、今もし生きていればひとつちがいであるはずの兄が生まれるとまもなく「驚風」でなくなったのを、伯母さんは自分の子が死んでゆくように嘆いて「生まれかえってきとくれよ、生まれかえってきとくれよ」といっておいおいと泣いた。そうしたらその翌年私が生まれたもので、仏様のおかげで先《せん》の子が生まれかえってきたと思いこんで無上に私をだいじにしたのだそうである。たとえこのきたないできものだらけの子でもが、たよりない伯母さんの頼みをわすれずに極楽の蓮《はちす》の家をふりすててきたものと思えばどんなにかうれしくいとしかったであろう。

「銀の匙」より抜粋（岩波文庫版）

私は今まで、親がどうして子供をあんなにかわいがるのかわからなかった。猫《ねこ》のトラちゃんがかわいくていとしいのと同じことかしらと思っていた。テレビなどで、不幸にも子供を亡《な》くされた両親が慟哭《どうこく》する姿を見ても、「お気の毒だなあ」と思いながらも、「私もトラちゃんが死んだときは本当に悲しかった」くらいにしか、その悲しみの度合いは理解しがたいものであった。

先日、弟の体の具合が悪くなって入院することになった。丸一カ月、微熱がとれないのである。実家の母親から電話があってそのことを聞いたとき、私はガーンとなってしまった。うちは元気なだけが取得《とりえ》で、今まで病気とは無関係に暮らしてきた一家である。それが普通の町医者では下がらない熱があり、そして入院して精密検査ということになっただけで、私の目の前は真暗になった。受話器を置いたとたん胃がキュッと縮まって、御飯も食べられなくなってしまった。

一日中ずーっと心配しているわけではないのだが、ふとしたときに思い出して、

「はーっ」

と深くため息をつく。私の手元には家庭の医学の類《たぐ》いの本がないので、近所の書店に行って弟の症状に類似しているページを立ち読みしていたら、

「今すぐ医者に行きましょう」

などと書いてあったりして、ますます頭がくらくらしてきた。そしてうちに帰り、机の前に座ってしばらく首うなだれていたのであった。

以前、母親の具合が悪くなったときもこんなに心配はしなかった。どうしてこんなふうになったんだろうと考えてみたら、一日の間に何度となく、弟が子供だったときのことを思い出すのである。あたりまえのことだが、母親のほうは私が物心ついたときからすでに大人だった。私が知っているのはシワがふえたことや肩のまわりに肉がついたことくらいである。しかし弟は違う。生まれた時のことからずーっと覚えているのである。

私は父親がギコギコとこぐボロ自転車に乗せられて、弟が生まれた病院にむかった。それは文京区の小さな坂の上にあった。私は背中に、母親が細編《こまあ》みで編んでくれた体長四〇センチのキリンさんの編みぐるみを赤いヒモでくくりつけ、サドルの前に付けられた子供用の椅子《いす》に座って胸をドキドキさせていた。病室に入って、ほら、と見せられたのは、何だかよくわからないシワシワの生き物だった。それは白いガーゼの着

物みたいなものを着せられていて、別段泣きもせず、目も口もボンヤリと開けていて、正直いって私はうれしいとかかわいいとかは全く感じなくて、ただ、

「ふーん」

と思っただけだった。

しばらくして母親と弟が病院から帰ってきた。幼稚園を中退してヒマだった私は、母親が弟の世話をするたんびに、そばにいって眺《なが》めていた。そしておむつ替えのときには、

「くさいほう？　くさくないほう？」

ときいて、くさくないほうの時だけ参加した。おむつをはずされて股間《こかん》に天花粉をパタパタとたたきつけられて、弟は元気に足をバタバタ動かしていた。足の裏を人差し指でくすぐると、小さな指をキュッと縮こまらせていたが、とっても機嫌《きげん》がよかった。

「この子は天使みたいだわ」

と母親はいった。そのとおりで、弟はいつもニコニコと機嫌がよくておとなしかった。ギャーギャーと泣きわめくこともしなかった。

「なんせ上の子がひどかったからね」

母親は私のほうを横目でみて、ニタッと笑った。夜泣き、カンの虫で宇津救命丸なしでは生きられなかった私は、母曰《いわ》く、「悪魔の子」だった。体中をまっかっかにしてこぶしを握りしめて泣きわめく私を背負い、母親はいつ池に身を投げようかと思ったそうである。それだけ苦労したせいか第二子は神様もバランスを考えて、おとなしい子をさずけてくれたらしい。

私はベビー布団《ふとん》の上に寝ている弟を、じーっと眺めていた。私が近づくとキョトキョトと目を動かしていたが、あっという間にあくびをして寝てしまった。私の頭の中には「悪魔の子」と「天使の子」ということばがぐるぐると渦《うず》巻き、幼な心に少し面《おも》白《しろ》くなかった。少し泣かしてやろうかと思った。でも死んじゃったら困るので、そーっと人差し指でお腹《なか》を押してみた。ものすごく柔らかくて、このまま指がズブズブと入っていってしまうのではないかと、少しあせった。胸がドキドキした。弟は寝たまま、口をもぐもぐ動かしたり手足を伸ばしたり曲げたりした。生きているようだった。私は金輪際、赤ん坊のお腹を指でつっつくのはやめにしようと思った。

それから少し大きくなって、ニッコリ笑うようになると、母親だけでなく私にとっても「天使の子」になった。座布団の上にコロッと転がされて、自分のげんこつをしゃぶっている弟のそばにゴロッと横になり、

「バー」

というと、うれしそうにニコッと笑った。

「ねーんねん、ころりーよー、おこーろーりーよぉ」

と弟のお腹を軽くなでながら寝かしつけているうちに、私のほうが寝てしまったときの写真は父親にフォーカスされ、実家のアルバムの隅《すみ》っこに貼《は》ってある。アルバムにあるのは、母親お手製の上っぱりを着て、二人でしっかと手をつないでいる写真。私が弟を膝《ひざ》の上に乗せて一緒にテレビをみている写真。はいはいしている弟の腰めがけてタックルしている写真。どれもこれも二人でニカッと笑っているものばかりである。

私の手元にはアルバムがないはずなのに、頭の中には次々とその場面がスライド映写会のように映し出される。そうなるとまた、タタミの目をみながら、

「ハーッ」

とため息をつくしかないのである。

「あんなにかわいい弟に何かあってはいけない。そんなこと許されるはずがない」

心配しすぎて私はだんだん腹が立ってきて、用もないのに部屋の中を歩きまわった。考えてみれば、私の頭の中にいるのは幼いころの弟の姿である。現在の弟は三十歳に

なろうという立派な大人である。人間三十年も動いていれば、どこかにガタつきがくるのは当然といえば当然なのだが、私には三十歳の大の男ではなく、幼い笑顔がかわいい男の子が、病院のベッドに寝かしつけられて苦しんでいるような気がしているのであった。

バスで十五分という近さに居ながら、私はほとんど実家に帰っていない。母親にはたまに会うが、弟とは八年間会っていなかった。生まれてから大学を卒業する二十二年間を知っているのに、私の記憶の中にいるのは、ぷっくり太った三頭身のおとなしい男の子だけなのだった。きっとそれは私が都合のいいように弟を美化しているのにすぎない。あんなにかわいかったのが、ヒゲもはえ、学校を卒業し、会社に入って企業戦士になっていくのが、たのもしくもあり許せないのである。

いい年をした男を、いくら弟だとはいえこんなに心配してしまうのは、私が子供のころの彼を知っているからである。私は自分がこういう立場になってはじめて、どうして親があんなに子供をかわいがるのかわかった。私は彼の成長に関して何の手もかけてないが、親は寝る間も惜しんで子供を育てる。子供がいくつになっても、子供に子供が生まれようと、親からみればあのぷっくりして無邪気な子供姿が脳裏にやきついてしまっているのに違いない。

実はこんな時に「銀の匙《さじ》」を読んだのは非常にまずかったといわなければならない。主人公の男の子は、生まれてすぐできものだらけになったりする、ひ弱で引っ込み思案な子供である。元気よく外ではしゃぎ回ったり、友達をブンなぐったりしないで、じっとおとなしく物事を眺めている子である。容貌《ようぼう》から章魚坊主《たこぼうず》と家で呼ばれていたおとなしい男の子が、感受性鋭くまわりの風景や人々を観察していた姿を想像すると、頭でっかちだった弟のことを思い出してしまう。そうなるとまた、

「はーっ」

と溜息《ためいき》が出てきてしまうのである。

子供は訳のわからないものに心ひかれたり、つまらないことでとても悲しくなったりする。まわりに毒されない、自分自身の基準でものを考えられる生き物である。お友達のお国さんが持っている菊の花の蒔絵《まきえ》の櫛《くし》、緋《ひ》と水色の縮緬《ちりめん》でこしらえた薬玉《くすだま》のかんざし。章魚坊主はそれを見せられるたんびに自分が女に生まれなかったことを悔やみ、男はなぜ女みたいに奇麗にしないのだろうと不思議がる。弟は私が持っていたミルク飲み人形がとっても気にいっていて、

「遊ぼう」

と弟に声をかけただけで、彼はミルク飲み人形が入っている箱を、棚《たな》からいそいそと取り出してきた。私が赤ん坊のころ着ていた着物で母親が作ってくれた人形用の布団に寝かせ、準備万端整えて待っていた。父親と母親が弟に、

「誕生日に何を買ってあげようか」

といったら、

「ミルクちゃん！」

と答えて、親を驚かせたこともあった。親は何とか快傑ハリマオの拳銃《けんじゅう》にさせようとしたが、弟はワンワン泣きながらタタミの上にひっくり返り、逆さになったカメのように手足をバタバタさせて抵抗した。そして仕方なく親のほうが折れ、弟は誕生日に右手にミルクちゃん、左手に快傑ハリマオの拳銃をもってニコニコするという結果になった。

あるときは日がな一日、ちゃちな昆虫《こんちゅう》の小さな模型を、楽しそうに独り言をいいながらいじくりまわしていたことがあった。章魚坊主は「たくさんのおもちゃのなかでいちばんだいじだったのは表の溝《どぶ》から拾いあげた黒ぬりの土製の小犬で、その顔がなんとなく私にやさしいもののように思われた。(略)それからあのぶきっちょな丑紅《うしべに》の牛も大切であった。これらは世界にたった二人の仲よしのお友だちである。」と、

溝から拾ったおもちゃをお友達と呼んで、大切に大切にしている。「あのときの弟も、ちゃちな虫のおもちゃをお友達だと思って楽しく遊んでいたのだな」と考えたら、弟のころんとした背中や、ぷつぷつと独り言をいっていた口元を思い出して、またじわっと涙が出てくるのであった。

自分の子供のころのことは、悪いことばかりしか覚えていない。しかし弟については、可愛《かわい》かったこと、いじらしかったことしか覚えていないのだ。二人でギャーギャー泣き喚《わめ》いて大喧嘩《おおげんか》したこともあるのだが、どういう理由で喧嘩をしたのか全く覚えていないのである。

前編、後編で成り立っている「銀の匙」は、それぞれ明治四十四年、大正二年に書かれた。もちろんその当時の風俗、習慣には違いがあるものの、誰《だれ》でもこの章魚坊主と同じような事をしていた子供がいたはずだし、なかには自分も同じ事をしていたと懐《なつ》かしく思い出す人もいるかもしれない。しかし、それを思い出すのは大人であって子供ではない。私のように章魚坊主と弟の姿とオーバーラップさせて、涙をじわっとにじませながら読む人間は、すでに章魚坊主みたいな感受性を失っているのだろう。

この本を読んで弟の見舞いに行くのが怖くなった。あまりに子供のころの姿に姉として妙な感動をしていたため、痛々しい姿を想像するとそら恐しくなってきた。

「あんなにかわいかったのに、こんなになってしまって」

なんていうことになったらどうしようとおびえてしまった。

しかし、優しくおっとりしていた弟は、病気といいながらも、ものすごく精神的にたくましい、それなりに世間ずれした三十男になっていた。私はついパジャマ姿の弟を指差し、

「何だ、お前元気じゃないか」

などといってしまった。

「ああ」

彼はバクバクと出された食事をきれいに平らげながらいった。私はほっとした反面、弟はいつまでも可愛い子供ではない、という当り前の現実を思い知らされた。

「銀の匙」は大人が喜ぶ子供の物語である。大人が、読んでいる間は子供になれる本でもある。私はこの本を読んで弟のことを思いだし、じわっと涙したことなんか絶対に知られたくない。この本を読んで泣いたことは私の一生の秘密である。

22冊目「三島由紀夫レター教室」

手紙は難しい

手紙を書くときには、相手はまつたくこちらに關心がない、といふ前提で書きはじめなければいけません。これがいちばん大切なところです。

世の中を知る、といふことは、他人は決して他人に深い關心を持ちえない、もし持ち得るとすれば自分の利害にからんだ時だけだ、といふニガいニガい哲學を、腹の底からよく知ることです。

もちろん、この利害といふ言葉には、お金だけがからまつてゐるわけではない。名譽もあらうし、性欲もあらう。それにしても、手紙の受け取り人が、受け取つた手紙を重要視する理由は、
一、大金
二、名譽
三、性欲
四、感情
以外には、一つもないと考へてよろしい。このうち、第三まではははつきりしてゐるが、第四は内容がひろい。感情といふからには喜怒哀樂すべて入つてゐる。ユーモアも入つてゐる。打算でない手紙で、人の心を搏つものは、すべて四に入ります。

「三島由紀夫全集　第十六巻」より抜粋（新潮社版）

何年か前に、関西のそのスジの方々を取材したことがある。ブッソウなことも起らず、ホッとして東京駅に着くやいなや、編集者が、

「彼らはとても形式を重んじますから、帰ってすぐに礼状を書いておいてください」

という。私はとにかくこのような取材は初めてだったので、それをきいて少しビビりながら、

「はい、わかりました」

と、おとなしくお返事をしたのである。

ところが家に帰って、さて手紙を書こうと思ったが、何をどうやって書いていいやら全然わからない。人並みに、拝啓、敬具の使い方くらいは心得ているつもりだが、もしかしたら彼ら独特の特別な手紙の仁義があるかもしれない、と考えはじめたら、ペンが全くすすまないのである。机の前に座っても、なーんにも頭のなかに浮かんでこない。考えれば考えるほど、一字一句が気になり、

「こういういいまわしは、彼らの逆鱗《げきりん》に触れるのではないか」

と、そういうことばっかりが頭の中をかけめぐるのである。そして私がこうして悩んでいるあいだにも、先方が、

「この間きたあの女、礼状も出さないでなんたる奴《やつ》だ」

と怒っているのではないか、などとつまらぬ憶測をしはじめたら、ますます手は震え、頭のなかはスカスカ。結局どうしようもなくなり、最後の手段として、私は今まで少し軽蔑《けいべつ》していた実用書にすがろうと近所の書店に出向いたのであった。

そこには山のように実用書があった。かつては、冠婚葬祭、テーブルマナーなどの本をみかけるたびに、

「本を読まなきゃわからないような面倒くさいしきたりなんて、いっそやめてしまえばいいのに」

と思っていたが、自分がそのテの本を読まなきゃならないような年齢になってしまってガッカリした。

立読みのおじさん、おばさんがむらがっている棚《たな》の前に立ち、爪先《つまさき》だって本の背をにらみつけていると、「手紙の書き方」という一角があった。ここに私の悩みを救ってくれる本があるはずである。私は、目の前で「お墓の建て方」という本を立読みしているおばさんをつきとばし、「手紙の書き方」コーナーに陣取り、そこにある本を

かたっぱしからパラパラめくってみた。

しかしそのほとんどは役にたたなかった。「女性用の例文」などというものまであった。か細く流れるような筆跡で、昔の女子学習院の方々がお話しになるようなことばで、お手本の文章がつづられていた。私が使っているのはモンブランの極太である。

「筆記用具まで考えなきゃ、いけないかしら」

と、ますます頭が痛くなってきた。

あれこれみた結果、まず「女性のための……」という類《たぐ》いの本は無視することにした。あまりに自分とはかけ離れているような気がしたからである。ところがほかの本もいまひとつで、これといったものがない。これはダメだ、と帰りかけた私の目に、後光を発しているかのように一冊の本の背文字がとびこんできた。

「困ったときの手紙文例集」

私が求めていたのはこれである。困ったときにどうするかである。脳天気に、

「先日は久しぶりにあなた様とお会いできて、たいへんうれしゅうございました」

などという手紙を書いている場合ではないのである。

私は、あわてて本のページをめくった。しかし、そこには「借金の申し込み」とか「婚約解消」のお手本文はあれど、「ヤクザへの礼状の書き方」など、どこにも載って

ないのである。私はムッとして、

「借金や婚約解消くらいで、困るな！」

と、本にむかって怒った。私がどれだけ悩んでいると思っているのか。

「いろいろな出来事が起こる現代に、この本は即応しとらん」

と勝手に私はこの本に断を下し、何の成果もないまま首うなだれて家に戻《もど》った。

再び机の前でボーッとしていると、うるさく電話のベルが鳴った。相手は一緒に取材にいった編集者であった。彼は小さな声で、

「あのー、例の礼状の件ですけどね。もう書きました？」

ときく。

「いやー、それが……。正直いって困ってるんですけど……」

と暗くいうと、彼は、

「そうですか。いやー、それはよかった。実はボクも忙しくてまだ書いてないんですけど。ね、礼状を出すときは同じ日にしましょう。ね、ぬけがけはダメですよ。一緒に先方に着くようにしましょう」

と、彼もそれなりにビビッているのであった。

「それが、どういうふうに書いていいかわからないんですけど」

「普通でいいんじゃないんですか」

「その普通がわからないんです」

「かりにも文章かいてメシくってるんでしょう。わからないはずないでしょうが」

彼は冷たくそういい放った。たしかにそういわれればその通りである。しかし、今回はふだんと違うのである。ヘタをすれば私の命がアブナいんじゃないか、というくらい重要な手紙なのである。そのむね冷たい編集者に伝えると、彼はワッハッハと豪快に笑い、

「そりゃ、大丈夫ですよ。もしそういうことになったら、あぶないのはボクのほうですよ」

というではないか。私はほっとした。ところがそうはいったものの、今度は彼が心配になってきたらしく、さっきは私にむかって大胆な発言をしたくせに、

「あのー、失礼な感じをあたえなければ平気ですよね」

などとたずねるのである。こういう場合を想定して、「お礼状マニュアル」を彼が作って準備しておけばよかったのだ。

「私は今日の夕方、投函《とうかん》しますからね。あなたのほうが届くのが遅れたら、いったいどうなるかしらね」

と少し脅したら、彼はカハハという力のないカラ笑いを残して、静かに電話をきってしまった。

こうなったら何がなんでもやるしかない。私はそうがないように、実は何の効果もないのだが、せっけんで手を洗い、じーっと万年筆をにぎりしめていた。ところが、あがってしまって何度やっても書き間違える。

「うまくいった」

と、ほっとしてみなおすと、先方の名前が行の下のほうにあったりする。

「これはマズイ」

と、あわてて書き直すと、組織のボスよりもナンバー2の名前の字のほうが少し大きいことに気づいた。

「これはいちおうボス宛《あ》てに出すからマズいだろうな」

と、この部分も書き直し。漢字の「とめ」「はね」まで、ひとつひとつ漢和辞典で確認し、ああでもないこうでもないとすったもんだしたあげく、やっとのことで礼状はできた。真っ白い便箋《びんせん》を一冊買った残りは、たった三枚。これだけ必死になって書いた手紙は、はじめてだった。原稿よりも必死に書いた。書いている途中で、

「こいつは仏さんをひとりつくって、シャバにでてきたばかりなんですわ」

ということばを思いだしたりして手が震えた。やっとのことで手紙をポストにいれたら、あまり真剣になりすぎて頭がガンガンする。そしてこれからは、「困ったときの手紙の書き方」のなかに「ヤクザへの礼状の書き方」の項をぜひ作ってもらいたい、と心から思ったのである。

手紙はいつまでも残るから、恐《こわ》い。一回読んだらスパイ大作戦のテープみたいにシューッと消滅してくれたらどんなに気が楽かと思う。私はどちらかというと電話よりも手紙のほうが好きだが、「突然のお手紙」と書くべきところを「当然のお手紙」なとど書いたりして、投函する前に読みかえして冷汗がたらーっと流れてくることがよくある。私のところにもそのようなものがよく送られてくる。なかでも一番多いのが名前の間違いである。私の名前などほとんどがひらがなで間違えようがないと思うのだけれど、現実に、正しい名前でくるほうが少ないという始末である。特に編集者が間違える。

「私はずっと前からファンでした。ぜひ原稿を書いていただきたい」

という内容の、熱心に書いてはある手紙なのだが、宛て名は「群よう子」になっている。なかには、堂々と「郡よう子」となっているものまであったりして、これは他人宛てとしか思えない。ところが、相手がたった一文字で不愉快になっているのが差出人にはわからないのも、手紙の恐さであろう。

そういう手紙がもつ、残酷さ、恐さ、面白《おもしろ》さを堪能《たんのう》させてくれるのが、この「三島由紀夫レター教室」である。登場するのは、氷ママ子（45歳）、山トビ夫（45歳）、空《から》ミツ子（20歳）、炎タケル（23歳）、丸トラ一（25歳）という年齢も職業もばらばらの五人である。この五人が相手をかえつついろいろな内容の手紙を書くという設定で、この小説はすすんでいく。「古風なラブ・レター」「肉体的な愛の申し込み」「処女でないことを打ちあける手紙」「同性への愛の告白」「出産の通知」「招待を断わる手紙」「結婚申込みの手紙」「恋敵を中傷する手紙」「心中を誘ふ手紙」「英文の手紙を書くコツ」「閑《ひま》な人の閑な手紙」「すべてをあきらめた女の手紙」などなど、項目をみただけでも読んでみたいという気にさせてくれるのである。友人の間の手紙は、その人となりがでていればいいのであって、パターンどおりのきれいごとばかり並べられてもちっともうれしくないのである。その点この本は、文面はおだやかだが実は嫌味《いやみ》たっぷりだったり、あまりに間抜けた内容だが書いた人物の人の良さがでていたり、といった、私たちが自分でやりそうなこと、人からやられそうな日常生活の部分を、登場人物が書く手紙のなかで掬《すく》いとってみせてくれる。そして、自分が書いた手紙への返事に対して、「あなたの手紙はここがすばらしい」とか「くだらない」とか、登場人物が批評していて、それがまたひとつの問題をつくる手紙となっている、どうどうめぐりの面白さがあるのだ。

もちろんそれだけではない。この本によると、「三島由紀夫レター教室」は、最初「女性自身」に発表されたとある。そのせいかもしれないが手紙のなかで、男と女がお互いあるべき理想的な関係がさりげなくかかれていて、その部分につきあたるたびに、どきっとしてしまうのである。

炎タケル青年は、ある中年男から愛の告白の手紙をうけとり、氷ママ子に相談の手紙をだす。その返事のなかで、彼女は、

「大ていの女は、年をとり、魅力を失へば失ふほど、相手への思ひやりや賛美を忘れ、しやにむに自分を売りこまうとして失敗するのです。もうカスになつた自分をね」

と、男が男に対する愛情を知って、女の態度を反省する。氷ママ子が、穴熊《あなぐま》のような顔の中年男からもらったラブ・レターの内容を、山トビ夫に手紙で知らせる。すると彼は、

「五十歳にもなつて、『人間の心、純粋な心の問題』などとほざいてゐる男のウソには耐へられません。／五十歳にもなれば、人生は、性欲とお金だけで、『純粋な心の問題』は、それが満たされたあとでなくては、現はれるはずもないのです。（中略）

第一、このラブ・レターには、あなたの肉体への賛美の言葉が一つもないではありませんか。あなたは、そんなラブ・レターをゆるすことができますか。／女性の精神的価値を肉体ぬきで信じようとしてゐるこの男は、ひよつとしたら、すでに男性の能力を失つてゐるのかもしれません」

と、大胆な発言をするのである。そしてそれだけのことをいうだけあって、空ミツ子嬢に「小鳩《こばと》ちゃん、小猫《こねこ》ちゃん」とほめちぎる、肉体的な愛の申し込みをするラブ・レターを書く。それをまた彼女が別の男に手紙で相談してひともんちゃく起きるのだが、私はただ手紙を読まされているだけなのに、次の展開がどうなるのかとついついひきこまれてしまうだけではなく、登場人物の姿まで目にうかんでくる。そして読み終わったあと、これがたった一人の作者によって巧みに書きわけられ、そのうえポイントをはずさない「レター教室」になっていることに驚いてしまうのである。

23冊目　野溝七生子《なおこ》「緑年」

女って何なのか

私は阿字子を連れて、竹藪を拓《ひら》いた裏山の墓地へ上つて行つた。秋に近い夏の日の午後、すぐそこの梢《こずゑ》で蜩《ひぐらし》が鳴いてゐる。

「もつと云ひたいことがあるんだらう。お云ひ、大きい声でお云ひ。」

「私、お母様大きらひ、お姉様、大きらひ。私、どこかに行つてしまひたい、うちになんぞ居たくない、こんな家大きらひ、大嫌ひ。」

「せいせいしたかい。」

「まだ一ぱいある、まだ一ぱいある。お母様、私のこと、阿字子はお母さんのいふことは他人のいふことだと思つてるつて、私のこと他人だつて仰云つた、お姉さんの前で。」

私は、俄《にはか》に、背中に冷汗の伝はるのを感じた。私はそれで、がつかりした。ひどく自分が恥しかつたのだ。

「ほんとにそんな言葉で仰云つたの? 他人だつて?」

「ほんたうよ。」

「それだと阿字子は、お父様のことを、心から可哀さうだと思つてお上げ。」

「野溝七生子作品集」より抜粋(立風書房版)

思い出してみると、私は十二歳ごろが今までの人生のなかで最悪の年齢だったような気がする。まず、小学校にあがる前から君臨していた、女ガキ大将という立場がなくなってしまった。

「どうも子分どもが、最近私のいうことをきかなくなった」

十歳くらいからその兆候をうすうすは感じていたが、恐れていたことが現実に起ったのである。一年、また一年とたつうちに、私は子分に無視されるようになった。

かつては、

「なに！　そんなことができないのか！　ブツブツいわないで、やれったら、やれ」

と、ドスのきいた声で一発おどしをかけ、ダメだとみるやどすこいスタイルでつきとばせば、たいていの子は私の手となり足となって働いたものである。ところが、ドスのきいた声で少しおどかしても、

「ふふん」

と鼻でせせら笑われる。あんなに簡単にボカスカ頭を殴れたのに、テキはどんどん

背が伸び、私が腕をぶるんぶるん振り回すのを頭上から一〇センチの位置で冷やかに眺《なが》めていた。

「暴力がダメなら、お菓子で買収」という手もきかなくなった。とにかく私は、彼らから明らかに無視される立場においやられたのである。そのかわり彼らはMG5などを使いはじめ、髪をなでつけてキャインキャインと尻尾《しっぽ》を振って、かわいい女の子の後をくっついて歩いていた。

私のことが大好きだといって、ハナをたらして、

「クワガタくれえ、クワガタ」

と、しつこくつきまとっていたススムという奴《やつ》まで私を裏切った。休み時間には持ってきたクシで、一所懸命髪をとかしていた。なかには、朝ドライヤーを使っているために遅刻してくるのまでいた。

私はそういう奴らを横目でみながら、

「そんなにスカしたって、おまえの頭にでっかい水ぼうそうの跡があるのを知っとるわい」

と、ムッとしていた。どうやら彼らは、クワガタやザリガニよりも別のものを欲しがっているようであった。

女の子のなかにも、恐るべき変身をとげる子がでてきた。髪の毛にひからびた御飯つぶがへばりついていても全然気にしなかったスミちゃんという子が、私にむかって小声で、

「あんた、もうちょっと何とかしたら」

といった。

「どうして」

というと、女なんだから少しはおしゃれをしろ、と忠告するのである。マンガのじゃりン子チエにでてくるヒラメちゃんにそっくりだった私は、同じクラスの子にそういわれてしばし呆然《ぼうぜん》としていた。

「あたし、毎晩網カーラーで巻いて寝てるんだ。少し痛いけど、朝ちゃんとカールできるからガマンしてるの」

彼女は右手で髪の毛を少し持ち上げながらいった。なるほど、いうとおりクルクルとカールはしていた。しかしヘアースタイルだけ音楽室に掲げてあったショパンの肖像画にそっくりで、あまり彼女には似合うとは思えなかった。

「あんた、ずーっと前からその頭じゃん。たまにはさあ、カーラーで巻いてみたら」

最初はたまげていた私も、だんだんその気になってきた。永いつきあいだった子分

からは裏切られ、これからは少し方針を変えたほうがいいかもしれないと、ふと思ったのである。

その夜、私は母親にむかって、

「網カーラーをだせ」

とわめいた。そのころ特に理由はないのだが、母親と素直に話すことができなかった。顔を合わせるのがうっとうしくてたまらず、ムスッとした態度をとっていたのである。母親も、娘がこういう態度で接してくれば面白いはずはない。同じようにムスッとして、必要最低限のことばしか喋《しゃべ》らなかった。

「はいよ」

母親は鏡台から網カーラーをつかみ、畳の上に投げてよこし、そそくさと台所へいってしまった。私ははいつくばってカーラーを拾いあつめ、わし摑《づか》みにして机の引き出しのなかにおしこんだ。

お風呂《ふろ》からあがって鏡のまえで必死に巻こうとしたが、なかなかうまくいかない。目の玉を上にしてがんばってみた。きちんとした巻き方など全く知らないから、すべて自己流である。やっとのことで作業は終わった。鏡の中の姿は間抜けていてみっともなかった。いつもは、へんてこな格好をしていると、

「ばかみたい」

と軽蔑《けいべつ》する弟も、私の姿をみてただ無言で目をそらしただけだった。寝るときも痛かった。しかし、どれもこれも朝のふんわりカールのためである。私は目をしっかとつぶって、寝ようとつとめた。

翌朝、私はどきどきして鏡の前に立った。寝相が悪かったため、カーラーはみごとにズレて毛がピンピン立っていた。ひとつひとつカーラーをはずし、ブラシで髪をとかしても、ふんわりどころかぐりぐりになっていた。いくらやってもダメだった。スミちゃんの頭のことをショパンといったが、そういった私の頭はハイドンになってしまったのである。

私はヒラメちゃんの顔にハイドンの頭で、ワカメの味噌汁《みそしる》をのみ、目刺しを食べた。我が家族は誰《だれ》も何もいわなかった。しかし、みんなうつむいて肩をぷるぷるとふるわせていて、笑いをこらえているのは明らかであった。

もちろん、学校でからかわれたのはいうまでもない。私にカールをすすめたスミちゃんは、笑うのも忘れて、

「どうして、ちゃんと巻かなかったのよ」

と私を怒った。教室の中を歩きまわって授業をしていた担任は、そばにくるとじっ

と私の頭をみつめ、
「いったい、どうしたのかね」
と不思議そうな顔をしていった。そのおかげで、私はますますクラスメートに笑われるハメになったのである。それ以来、私はカールとは無縁のヒラメちゃん頭のままである。

ところが、「女」として目ざめ、色気づきはじめた女の子たちは、それと同時進行で嫌味《いやみ》な性格になっていく人が多かった。こっそり盗み見たテレビの深夜映画、大奥マル秘ナントカみたいに、女ばかりの小さい派閥ができていて、そこには必ずボスがひとりいた。その子は自分のグループの子が他のグループの構成員と話すと怒り、じわじわとじとといびった。私はそういう性格の人とはかかわりあいたくないし、さりとて男の子のほうは、私なんかにハナもひっかけなくなったので、いつも無所属でぷらぷらしていた。私みたいな性格は身の置所がなかったのである。自分の意思とは関係なく、まわりから「女」予備軍として生きなきゃならない枠にはめこまれそうだった。

あるとき、女の子だけ講堂に集められて、「初潮教育」の映画をみせられた。母親になるのはどんなに喜ばしいことであるか、ということが強調されていた。みんなは、

お互い顔を見合わせて、

「恥ずかしい」

とか、

「やあねー」

などといっていた。映画が終わってパッと明かりがついた。何気なく先生の席をみると、別のクラス担任の男教師がニヤニヤ笑っていた。それから私はそいつが大嫌《だいきら》いになった。窓の外をみたら、ドライヤーでセットしそこなったツンツン髪のススムがのぞきをしていて、私とわかるとニッと笑った。いままで子分としていじめながらもかわいがってやってきたのに、こういう映画を観《み》せられたせいで、ススムたちとは異人種である、といわれたようだった。

映画を見終わったあと、感想を書けと紙が配られたので、私は、

「どうして女子だけが見なきゃいけないのか」

と書いた。そうしたら翌日保健室によばれた。ヒステリックな痩《や》せた中年の保健の先生は、ばったみたいな顔を紅潮させ、首をスジ張らして、

「あんたには、恥じらいというものがないのか」

とわめいていた。私はきいているフリをして、おこごとを右の耳から左の耳にまっ

すぐ通過させていた。こういう頭の固いおばさんには何をいってもムダなので、この際逆らわないで、いいたいことをいわせておいた。腹の中では、

「母親になりたいと思わない女だっているのに、それがあたりまえみたいにやって欲しくないんだよねー」

とぶつぶついい、無表情のままずーっと立っていた。

体のあっちこっちが変化するにつれ、面倒くさいことばかり起こった。あれあれと思っている間に、

「いつまでも子供じゃないんだよ。女なんだから」

というまわりの目を感じて、十二歳の私は混乱した。できれば、ハナをたらしたスムとか、戦争ごっこの宿敵金次郎といつまでも遊んでいたほうがいいと思っていた。しかし自分はまぎれもなく女として生まれてきてしまい、今まで意識したことがなかったのに、目の前につきつけられたみたいだった。十二歳にしてうっとうしい問題が、ガーンとのしかかってきたのである。こういうことは誰に相談してもどうなる問題ではなかった。自分でどうするか決めるしかなかったのである。しかし、問題の大きさに対してまだ頭の中身ができあがっておらず、悶々《もんもん》として毎日をおくっていたのである。

そしてそれがふっきれたのは、つい二、三年前のことである。「女」を目の前につきつけられてから、約二十年経《た》っていた。

野溝七生子の書く「緑年」に登場する阿字子という名の十二歳の少女も、母親に対する不信感で胸を痛めている。阿字子には、母が連れてきた閑子という姉と、征矢という妹がいる。閑子が家にきた後に阿字子が生まれているので、母親とは血がつながっているわけである。その母に「他人」といわれて、何もかもが嫌になってしまったのだ。相談されている伯母の姿を借りた野溝七生子は、阿字子を取り巻く血族の女たちに対して憤《いきどお》る。

「これだから、大人は、女は、嫌ひだつていふんだ。種族保存の孵卵器《ふらんき》、牝《めす》、身びき、……」。「大人がもう一度、子供になつたからと云つて、お母さんに阿字子が解るんぢやない。お母さんが、阿字子そのものにならない限り、阿字子が解りつこはありやしないんだ」。

子供の後ろにいつもつきまとっているのは、母親の姿である。生まれたときは、もちろん「その人」は「母」である。しばらくその関係は続いていく。そして中学校に入る年齢になると、これはおかしいぞ、と気がつくのである。今から思えば、「女」をつきつけられて悶々としていたのは、実は「母親を否定」することに対して悩んでいたのではないか、という気がする。今は、母親は好きでも嫌いでもない。それは、悶々としていたものがふっきれたからではないかと思う。

しかし、たしかに過去には異常に母親を嫌いになったことがあるのも事実だ。「なぜ、父親のような男と結婚したのか」「どうしてつまらない、といいながら、何もしようとせずに、グチをいっているだけなのか」。母親のやることなすことがすべて神経にさわった。なぜそのように母親が行動していたか、ということがわかったのは、私が二十歳すぎてからである。そのとき私は母親にすまないと思った。しかし、二十五歳くらいになったら、感謝の気持ちは薄れ、

「あれはあれで、よかったんだ」

と開きなおった。そして今は、母親の生きかたには何の関心もない。ただ本人が元気に楽しくやってくれればいい。ここにたどりつくまでは、本当に長かった。

やはり私は、母という立場には何の喜びも感じない。「女」は「種族保存の孵卵器」と書いていた野溝七生子は、永いこと都内のホテルで暮らしているという噂《うわさ》の女学者である。彼女も、母などという立場とは無縁の生活だったようである。

私は「女」が目の前にぶらさがってから、どうして男に生まれなかったのだろう、と何度も親をうらんだ。でもそれは二、三カ月しか続かず、やっぱり「女」のほうが

よかったな、と思っている。そして「女」でありながら、石みたいに無機的に生きられたらどんなにいいかと考えているのである。

24冊目　林芙美子《ふみこ》「放浪記」

死ぬまで読みつづけたい

私は北九州の或る小学校で、こんな歌を習った事があった。

更けゆく秋の夜　旅の空の
侘《わび》しき思いに　一人なやむ
恋いしや古里　なつかし父母

私は宿命的に放浪者である。私は古里を持たない。父は四国の伊予の人間で、太物《ふともの》の行商人であった。母は、九州の桜島の温泉宿の娘である。母は他国者と一緒になったと云うので、鹿児島を追放されて父と落ちつき場所を求めたところは、山口県の下関と云う処《ところ》であった。私が生れたのはその下関の町である。——故郷に入れられなかった両親を持つ私は、したがって旅が古里であった。それ故、宿命的に旅人《たびびと》である私は、この恋いしや古里の歌を、随分侘しい気持ちで習ったものであった。

「新版　放浪記」より抜粋（新潮文庫版）

今まで何度も書いているように、私は男の子をいじめる一方で本もむさぼり読むという、文武両道（？）の生活を送っていた。買ってもらった本だけでは満足できず、友だちが少年少女世界文学全集を買ってもらったときけば、早速いって本を借りてきた。中には貸したくないという子もいた。そういう子には、

「それじゃ、ここで読んでいくからちょっと待ってて」

といって本箱の前に足を投げ出して、クオレだとか足長おじさんを読ませてもらった。その間、友だちは他の子と一緒に露地で石けりをしていた。

だいたい少年少女世界文学全集、全48巻なんていうのをホイッと親から買ってもらえる子に限ってその本を読んでいなかった。文学全集はツルツルの光った紙でカバーがしてあって本当にきれいな本だったが、とうてい私の家では買ってもらえるようなシロモノではなかったのである。

小学校の図書館にあった目ぼしい本は、ほとんど読んでしまった。小学校にあがる前は、親は山ほど本を買ってくれたが、一年生になったときに、

「学校の図書館も使え！」

と宣言され、買ってもらえる本の数は、だんだん少なくなった。

布ばりの紫色した日本文学全集もよかった。黒い背の伝記全集もよかった。特に私は樋口一葉《ひぐちいちよう》の巻を何度も何度も繰りかえして読んだ。図書館の本だから、読んだあとは返さなきゃいけない。半年に一度のペースで何度も借りるものだから、図書の貸出しカードには私の名前がズラッと並んでいた。

樋口一葉がみすぼらしい身なりで歌の勉強をしにいくと、そこにいる令嬢たちが一葉をいじめる。

「これは、おかあさまに教えてもらった京風のお化粧なのよ」

といって、令嬢は薄墨をくちびるに塗ってそのうえに紅をさした。するとそれは玉虫色に光りかがやいて誠に美しく、一葉はあこがれの目で令嬢のくちびるを見つめながらも、おのれの見すぼらしい格好が恥ずかしくてたまらなかったというのである。

私は子供心に、

「かわいそうな樋口一葉さん。それにしても、この令嬢とやらは嫌《いや》な野郎だ」

とムッとした記憶がある。私は何度も何度もこの本を読み、そのたんびにかわいそうな一葉さんに涙した。

しかし、何度か読んでいるうちに、

「そんなにいいもんなら、私もやってみよう」

という気になった。

私は父親が使っていた墨汁《ぼくじゅう》を失敬して、鏡台の前ににじり寄っていった。そーっとあたりを見わたし、人のけはいがないことを確認すると、墨汁を人差し指にたらした。私はちっこい目でじーっと墨汁をみつめながら、正直な話、

「こんなもん塗って、きれいになるんだろうか」

と思った。しかし、あの一葉さんが呆然《ぼうぜん》としたくらいの美しさである。

「これは子供の知らない、何か奥深いものがあるに違いない」

そう私は判断して、ぐりぐりっとくちびるに墨汁をぬりつけた。深海魚のような顔になった。おまけに歯にくっついておはぐろになってしまい、ものすごく間抜けた顔になった。マズイ、と思ったが、まだこれは第一段階である。このうえに口紅をつければ、一葉さんがアッと驚く美人のできあがりである。私は鏡台の中をひっかきまわし、なるべく赤い口紅を捜した。いざ口紅をつける段になると、胸がドキドキした。そーっと口紅をつけてみた。そのあと上下のくちびるを、んぱんぱやってみた。鏡の中の片手に口紅を持ってボーッとしているおのれの姿をみて、私はひどく落胆した。

玉虫色に輝いてなまめかしい美しさどころか、鏡の中にいるのはくちびるだけちびくろサンボのおかっぱ頭の私であった。ためしにニッと笑ってみた。おはぐろのせいで、まるでオバケのようだった。私はあわててそばにあったチリ紙で口をふいた。しかし、ふいてもふいても墨汁と口紅がいりまじったものは落ちず、私はどす黒いくちびるのまま途方にくれてしまったのである。おまけに運悪く母親にみつかってしまい、

「キャー、買ったばかりの口紅が、まっくろ」

という絶叫をあとに、私はあわてて逃走したのである。

このように図書館で借りた本は、私にいろいろな影響を与えた。しかし、目ぼしい本をおおかた読み終えてしまってから、いまひとつ満足できない自分に気がついた。だいたい、図書館にある本は汚なかった。中にガガンボがぺったんこになってはりついている、なんてのはマシなほうで、鼻クソがぬりつけられているものまであった。

「こんなことをする奴《やつ》らに、本を貸さないで欲しい！」

私は、本にこんなことをする人が信じられなかった。

汚された本をみると頭にくるので、私は図書館の本を借り続ける気はしなかった。そして、おとなの本を読みたいと思うようになった。おとなの本というのはベージュの表紙の小さい本、文庫本のことである。子供向きのものとは字の大きさもちがうし、

体裁《ていさい》もそっけないけれど、なかなか魅力的な姿をしていた。

　私はおこづかいを握りしめて、いきつけの本屋さんへいき、文庫本の棚《たな》をカニさん歩きをしながらずーっとみていった。すると私の目に、「放浪記」という三文字がとびこんできた。私は著者の林芙美子なる人がどんな人かも知らずに、この本を買ってしまった。子供の本よりも文庫本のほうがずっと安かった。

「これなら前よりたくさんの本が買える」

　とうれしくなった。小学校四年のときだった。

　私はちっこい目で、文庫本のちっこい字をへばりつくようにして読んだ。世の中にこんなにむくわれない女の人がいるのかと思った。今まで読んだ本に登場した女の人は、貧しくとも何かひとつはとりえがあった。顔がかわいくて、王子さまにみそめられて結婚するというのが一番多いパターンだった。つらくともじっと耐えていればいいことがあるんだな、と思っていた。しかし、「放浪記」の主人公は、がんばっているようでもどうもむくわれかたがいまひとつ、という感じがした。人に対して「おたんちん」とののしる女の人が出てくるお話など読んだことがなかった。そして、将来私はこの人のようになってしまうのではないか、という気がした。

「私はとても元気な子供だった」

とあると、

「うん、私も元気だ」

と思った。

「この父と一緒になると、ほとんど住家と云うものを持たないで暮して来た」

「うん、うちもそうだ」

とうなずいた。彼女は日本を放浪していたが、私のうちは都内を放浪していた。行商はしていないものの、その日暮らしという点では、行商よりも効率が悪かったかもしれない。このままこういう生活を続けていくと、いろいろたいへんなことが起きそうだ。世の中というのは、たいへんなことばかりのようだ、と子供心に少しおびえてしまったのである。しかしその中で、人をののしり、人に感謝して生きていく、元気な主人公が救いだった。元気なだけではなくて、たまに自己嫌悪《けんお》に陥るところもよかった。小学校四年生の私はこの本を読んで、「女も怒ったり泣いたり、貧乏でも自分のやりたいように生きていけばいいのだ」と思った。貧しくてもじっと耐えてハンサムな王子さまとハッピーエンド、というお話も、最初のころは、いいな、うらやましいなとあこがれていたが、どうもこういう話はウサンくさいと感じはじめていたころだったので、この本が私にとってのコンパスになったような気がするのだ。

あるとき偶然に林芙美子の顔写真をみた。元気のよさそうな、普通のおばさんのようにみえた。細面《ほそおもて》のうりざね顔で、いかにも幸薄いといった容貌《ようぼう》の一葉さんとはずいぶん違っていた。このおばさんなら何があってもたくましく生きていくんだろうな、という気がした。見るからに体が弱そうな一葉さんにくらべて、林芙美子おばさんのほうは、ガッハガッハと笑いながら町なかを大股《おおまた》で闊歩《かっぽ》している姿が目に浮かぶようだった。豪快な女親分のようにもみえた。

それから、文庫本の放浪記は二冊になった。一冊目はあまりに何度も読みかえしたために、ボロボロになってしまったからだ。そして二冊の本は肩を並べて私の本棚のいちばんいい場所に置かれるようになった。いちばんいい場所というのは、当時の私の目線の高さの棚のところであった。その本を手にとらなくても読まなくても、そこにあるだけで、

「そうか、そこにいてくれたか」

という気分になってくるのである。本を開かなくても本の背から念波が出てきて、本を読んだときの年齢の自分がどのような感想をもったかが、ふっと思い出されるのである。そのたびに、元気なめげないおばさんがガッハと歩く姿が一重マブタの裏に浮かんできた。

あまりに子供のときに読んだイメージが強すぎて、私は林芙美子をただ元気なおばさんだとばかり思っていたのだが、二カ月程前、尾道《おのみち》へいってはじめて、自分が描いていたイメージとは本当は違うタイプの人だったのではないかな、という気がした。尾道は、彼女が女学校時代を過ごした縁の深い町である。そこに林芙美子の記念室ができたというのでいってみた。そこは志賀直哉住居跡のとなりの部屋だった。親切な係のおじさんがいろいろと説明してくれた。

「これが、お借りして展示している机やら椅子《いす》です」

といって、彼は部屋の中にある家具を指さした。机はともかく、彼女が座っていた座椅子をみて、私はアレッと思った。私のイメージした彼女は、このようなかんじの座椅子を好むようなタイプではなかったからだ。その木の椅子の背には豪華な花の彫刻が施してあった。シンプルで重厚な造りではなく、いかにも女性的で華奢《きやしや》な椅子だった。彼女がそれに座って、

「あーあ」

と伸びをしたら、枠《わく》がバキッと折れてしまうのではないかと思われた。

「ほれ、ここにあるのが林芙美子さんが使っていらした品ですわ」

おじさんは土間に置いてあるガラスケースのところに私をひっぱっていった。そこ

には、彼女の初版本や生原稿と共に、眼鏡だとかハサミ、万年筆が陳列してあった。生原稿に書かれた字は、ちまちましてかわいらしい字だった。ルビ罫《けい》がなくても、字がマス目からハミ出してしまう私の字とは大違いだった。そのうえ、使っていたハサミというのも、握りの部分にきれいな細工が施してある細身の女性的なものだった。本当にこの品々を彼女が使っていたのだろうか、と思って掲げてある写真をみると、そこにはノレンから半身を出して大らかに笑っているおばさんの顔があった。

私は正直いって、そのとき少し失望した。頭が混乱した。子供のときは、書かれたものを真正直に信じるから、

「この人は、つらい時でもケッといいながらがんばっている。別に王子さまがやってこなくても生きていけるのだな」

と悟り、それなりに納得した。もうちょっと大きくなると、林芙美子の楽天的な部分への興味は薄れ、生きるために悩む、だとか、貧しさの中でいかに耐えたか、いかに人を憎んだかという、「人間とは何ぞや」という部分に興味は集中した。机につっぷして頭をかかえているときにも、本棚には念波を発している「放浪記」があった。そして、お肌《はだ》の曲がり角をまがってしまって坂道をころがり落ちかけている時には、多少ずるくなり、「書いてあることすべてが本当ではないだろう」と推測できるよう

になった。しかし、ガッハガッハのおばさんは健在だった。

今、「放浪記」を読みかえすと、ガッハガッハのおばさんは、なりをひそめる。傷つきやすくてナイーブな女が、自分の気持ちを一所懸命昂揚《こうよう》させて生きているように思える。

私が二十年以上も手元に置いているのは、この本だけである。最初は「この人のように生きたい」と思った。次に、ワガママなところが少し嫌いになった。そして今では林芙美子という人物が、嫌な面もすべて含めて、好ましい人と思えるようになってきたのである。

あとがき

私は子供のころから本を読むのが一番好きだった。小学校の図書館にある本はほとんど借り出して読んだ。しかし学校でムリヤリ書かされる読書感想文は大嫌いだった。そのせいか読書感想文を書いて誉《ほ》められたことは一度もない。また、一冊の本を何人かで読んでそれぞれの感想を話し合う、読書会みたいなものも嫌いだった。学校でそういう授業があっても、私はほとんど発言せずに黙っていた。その本が面白ければ面白いほど、自分のなかにじっとしまっておきたい。自分ひとりでじーんとしていたい。他人とはあれこれ話し合いなんかしたくなかったのである。

いくら本を読んでいても、それは全く国語の点数が良くなる手段にはならなかった。それだからこそ、いろいろなたくさんの本に出会えたのかもしれない。私は自分から、

「この本は面白いよ」

と人にすすめることは数少ない。その反面、人にすすめられるとすぐ読んでしまう

のでタチが悪い。

本を読みながらデートはできないし、映画も見ることができないから、私はいい歳《とし》になるまでそういった多くの女の子がする楽しみを知らなかった。しかしいざそういうことをやってみると、

「本を読むこと以外にも面白いことがたくさんある」

とびっくりした。本を読むのが一番いいとは思わないが、やはりこれはやめられない。

小説新潮の松家仁之さんから、

「読書エッセイみたいなページをやりたいのですが」

というお話をいただいたとき、

「これは趣味と実益を兼ねられる」

とほくそ笑んだのだが、引き受けてしまってからえらいことになったと慌《あわ》てた。人に本棚を見せるのでさえ抵抗があるのに、読んだ本について書いてしまうと「恥ずかしい私」がどんどん世の中にさらけ出されてしまうではないか。でも、かつて私がよく目にした「感動」の押し売りとか「本を読んで人生が変わった」式のものにはしたくなかった。私の生活の中で手にとった本のことを書いて、読者が本に興味を持って

くれたらいいなと思っただけである。

群　ようこ

二〇二〇年のあとがき

ほとんど自分の好みで選んでしまった読書エッセイであったのにもかかわらず、多くの方に読んでいただいてとてもありがたい本になった。

そのなかで思いがけない出来事があった。この文庫本が出てしばらく経《た》ったある日、中学のときの学級委員長をしていた女子から、H先生があなたと連絡をとりたいとおっしゃっているのだがという内容の手紙が届いた。その数学のH先生が「もめん随筆」の章で、私の読書の方向づけをしてくださった方だった。お元気だったのだとうれしくなって、先生と手紙のやりとりがはじまったのである。

先生はたまたま書店でこの本を手に取ってくださり、読み進んでいくうちに、どう考えてもこれは自分だと確信し、以前から交流があった学級委員長の彼女に連絡を取ってくださったと、いただいたお手紙にあった。卒業アルバムで私の顔を確認し、「よく覚えています。本の話をしましたね」

とも書かれていて、中学校の一九六九年の校誌も同封されていた。それには国語の先生に選ばれた生徒たちの詩が掲載されていて、なぜか私も声をかけられ、書きたくなかったのだけれど、国語の先生に渡したのを思い出した。十代の自分が書いたものに、恥ずかしさでぎゃっと叫びたくなり、当時、先生は何もおっしゃらなかったのに、

「明るい雰囲気のなかに、寂しさを感じた詩でした」

と書いてあって、またまたぎゃっと叫びたくなった。おまけにこの本では「ご存命であれば七十歳近いはず」と書いたのだが、実際は十歳以上もお若かった。私の両親と同年輩で、それにもぎゃっとなったのだった。

以前は杉並区の高円寺にお住まいだったけれど、そのときは目黒区に転居されていた。読んで面白かった本を送ってくださったり、

「買い物のときにちょっと見つけたので」

ととても素敵な色合いの草木染めのコースターセットや、透かし彫りのきれいな金属製のしおりを送ってくださったりした。米原万里さんの本がお好きで、亡《な》くなられたときはとても落胆していらしたのを思い出す。

私は先生から手紙が来た場合にのみ、返事を書いていた。きっと毎日、瞑想《めいそう》、呼吸

法、座禅を続けていらっしゃると思ったので、私がそんな日常のお邪魔をしてはいけないと考えたのである。のんびりと十回ほど手紙のやりとりをした後、手紙は来なくなった。先生は八年ほど前にご自宅でお亡くなりになり、最期《さいご》を看取《みと》られた渋谷区の中学校での教え子の方がご連絡をくださった。先生は床に就かれてからは本を読むのも辛《つら》くなっていたとのことで、本が出るたびにお送りしていた私を気遣い、亡くなる間際《まぎわ》に、

「もしも彼女から連絡が来たら、もう本は読めなくなっちゃった、ごめんねって謝っておいて」

とおっしゃっていたそうだ。

中学生のときは何もわからなかったが、先生が亡くなる直前までずっと本を読み続けられ、心の平穏、平安を求めるこのような生活を送られたのは、私にとっては本当にうらやましい限りだ。お目にはかかれなかったが、思いもかけず先生とまたご縁ができたのは、この本のおかげである。先生が書店のたくさんの本のなかから、偶然、目を留めてくださったのも、不思議な出来事だった。

文庫本が出た後、私の超個人的なこのようないきさつがあった。読者の方々には何の関係もない話なので、はなはだ申し訳ない限りではある。紹介した本のうち、

半分くらいは今でも年に何回か手に取る。本の出版直後は選んだ本に関して、渋い選択などといわれたけれど、「第七官界彷徨《ほうこう》」が映画、マンガになり、金子ふみ子と朴烈《ぼくれつ》の人生も映画になったりと、彼らの姿はまだまだ生き続けている。この本を読んでいただき、少しでも彼らの本や他の本を読んでみたいと思っていただけたらうれしい。

二〇二〇年一月

群ようこ

解説

原田宗典

文庫本というのはたいへんありがたいものである。

まず第一に単行本と比べて値段が安い。第二にサイズが小さいので携帯も便利であるうえ、本棚《ほんだな》に置いても場所をとらない。日本の住宅事情を深く鑑《かんが》みた形態である。そして第三に後ろの方に解説がついている。この解説というのが、読者にとっては結構楽しみだったりする。

かく言うぼくも学生時代は、以上三つの理由から、深く深く文庫本を愛していた。まず貧乏学生だったので第一の理由がありがたかったし、住んでる部屋が六畳一間だったので第二の理由がありがたかったし、頭があまり良くなかったので第三の理由がありがたかった。

特に第三の理由、後ろの方についている解説は、その本を購入する指針となる場合が多かった。作品がいかにも面白《おもしろ》そうに思える解説や、それ自体が優れた評論になっている解説が載っていると、何となく安心して（あるいはわくわくして）その本を購入することができた。だから書店で文庫本を選ぶ場合、まず装丁の善《よ》し悪《あ》しでアタリをつけ、それから一番後ろの解説を読む、というところから始めるのがいつものやりかたであった。解説が面白そうだったら本文の方をパラパラと捲《めく》り、興味を覚えるような文体だったらようやくレジへ持っていく、という三段階逆スライド方式みたいな手順である。

ぼくのこのような選択方法を知る友人の中には、眉《まゆ》を十時十分の形にして気色《けしき》ばみ、

「そんなのは邪道だッ」

と真向から意見する奴《やつ》もいた。

「身も心も真っ白な状態で作品に相対するのが、読書の王道ではないか。あらかじめ解説を読んでから作品を読むなんて、ゴールから逆に迷路を辿《たど》るようなズルッコイ行為ではないか」

というような内容のことを、彼は言った。確かに彼の意見にも一理あったが、まあすべての解説が悉《ことごと》く作品のゴールを示唆《しさ》しているわけではないのだからいいじゃないのと、ぼくは言いたかった。が、議論好きな彼を相手取って、ああだこうだと反論することに屈託を感じたぼくは、ただ眉を八時二十分の形にして沈黙するばかりであっ

たのだ。

さて、そんなふうに解説に重きを置く青春を送ってきたぼくが、今やこうして解説を書くような立場になった。まさに因果はめぐるというか臥薪嘗胆《がしんしょうたん》というか蛙《かえる》の子は蛙というか二階から目薬というか、何しろしみじみ感慨深い。この感慨にしばらく耽《ふけ》っていたいのだが、本書の内容のことを考えると、そうもいかない。何だか困惑を覚えてしまうのである。

何故《なぜ》なら、本書の内容自体が、別の本の優れた解説になっているからである。しかも優れているだけでなく、ものすごく面白い解説なのである。そういう本の解説を書くぼくの身にもなってもらいたい。

面白い本の面白い解説に、さらに解説をつけるなんて、蛇足《だそく》もいいとこなのではないだろうか？　例えば優れた文学作品がカレーライスだとしたら、本書の内容はその美味を際立《きわだ》たせる福神漬《ふくじんづ》けのような、絶妙の味わいがある。ところがそこへさらに解説を加えようとするぼくの行為は、福神漬けの横にメ鯖《しめさば》を添える大馬鹿野郎《おおばかやろう》そのものではなかろうか。下手をすれば先達の優れた作品群の味わいも、群ようこ氏の優れて面白い文章の味わいも、すべてブチ壊してしまうのではないか。

そういう危険性を考えるにつけ、ぼくの困惑は深まるばかりなのである。どうしてこんな仕事を引き受けてしまったのか、正直言って後悔している。

しかし困惑したり後悔したりしてばかりでは、ちっとも前に進まない。そこで冒頭のような書き出しで、この解説を始めたのである。つまり、ぼくが如何《いか》に解説というものに重きを置く人間であるかをまず選手宣誓し、

「正々堂々戦いますッ。だからみっともない試合になっちゃっても許して許して」

という布石を打ちたかったのである。まあ早い話が、自分の力がいたらないことに対する女々しい言い訳をへて、ようやく本書の解説が始まるわけである。ここからが本題。

さて本書は、読書の達人というか本の達人というか、とにかく活字中毒者であることは間違いない群ようこ氏による、気合の入った読書案内の体裁をとっている。全部で二十四冊。実に自由奔放、変幻自在に選択された本の数々が、おさめられている。

しかし本書を単なる読書案内として捉《とら》える人は、まずいないだろう。これは読書案内の姿を借りた、群ようこ案内である。一読すれば彼女がどんな人間で、どんな歴史を持ち、どんなものを愛し、どんなものを「ケッ」と思い、どんなふうに生きたいと考えているのかが、いつのまにか分かってしまうような仕組みになっている。そこが本書の第一の魅力である。

従って本書の一番素直な読み方は、作者である群ようこという人間をそのままハッシと受け止めて、

「ばかだー」

と思ったり、

「りこうだー」

と思ったりすればいいのである。あるいはまた、

「カッチョいいー」

と思ったり、

「カッチョわるいー」

と思ったりすればいいのである。おそらく作者も、そういう読まれ方を望んでいるとぼくは思う。


さて続いて本書の第二の魅力は、肝心の読書案内にまつわる楽しさである。前述の通り本書には二十四冊の名著あるいは迷著あるいは珍著（チンチョなんてちょっと人前で言うのは憚《はばか》られる響きだな）に関する、群ようこ的解説が加えられている。二十四冊すべて読んだことがあるぞという読者は、まず稀《まれ》であろうから、読んだ本に関しては、

「あー、これ読んだことある。俺《おれ》はこう思ったけど、群ようこはそう思うわけか。ふーんそうかそうか」

と比較検討する楽しみがあるし、読んだことのない本に関しては、

「うーむ。これはぜひ読んでみたいぞ面白そうじゃないか」

と好奇心を刺激される楽しみがある。つまり既読、未読に対して、それぞれの興味をかきたてられる楽しさがあるのである。

ぼく個人に関して言えば、本書におさめられた二十四冊中、既読は『愛撫《あいぶ》』『堕落論』『山の音』『オリンポスの果実』『瘋癲《ふうてん》老人日記』『濹東綺譚《ぼくとうきたん》』『網走《あばしり》まで』『銀の匙《さじ》』の八冊。残り十六冊は未読である。読書体験の重なり方としては、ちょうど三分の一で、これは一読者として理想的な割合ではなかろうか。赤の他人の読書傾向が、あまりにも重なりすぎている状態というのは、キモチ悪いことだとぼくは思う。また逆に、まったく接点が見出《みいだ》せないのも、それはそれでサミシイような気もする。三分の一くらい重なっているのが、一番適度な状態である。

未読の十六冊に関しては、群ようこ氏の実体験を通して語られるそれぞれの作品の魅力に触れ、どれもこれも読んでみたいと感じてしまう。中でも一番、

「これだけは絶対読んでみたいッ！」

と感じたのは、尾崎翠著『第七官界彷徨《ほうこう》』である。この〝家の中で起きる当たり前の出来事の中に漂う幻想〟という雰囲気《ふんいき》は、実に何ともこう、ぼくの好みなのである。なかなか手に入りにくそうな本だが、おかげで古本屋めぐりに張り合いが生じるというものではないか。

既読の八冊の中で最も共感を覚え、思わず笑い転げてしまったのは、梶井基次郎《かじいもとじろう》著『愛撫』にまつわる話である。ここで語られる、群ようこ氏の愛猫《あいびょう》〝トラちゃん〟の可愛《かわい》らしさは、猫《ねこ》好きの人間にはこたえられないものであろう。ぼくも猫好き人間の一人として、可憐《かれん》なトラちゃんに拍手を送り、最後には目頭を熱くしてしまった。

確かにここに描かれている通り、猫というのは何となくイジメたくなっちゃう生物なのである。あまりにも気持よさそうに眠るから、つい起こしてみたくなるし、あまりにも屈託のない様子で大アクビをするから、その口の中へ指を突っ込んで、

「はぐぐッ！」

と困惑させてやりたくなる。こんなに柔らかくて大丈夫なのだろうか、と訝《いぶか》るほどあやうい お腹《なか》をしているものだから、かえって強い力を加えてみたい欲求にかられ、

「おりゃあッ！」

などと、ついストマック・クローをぶちかましてしまう。この発作的残虐性《ざんぎゃくせい》という

のは、猫好きの人ならば誰《だれ》しもが心にひめているものなのだろう。梶井基次郎の〝猫耳に切符切り〟も然《しか》り、群ようこの〝インディアンののろし〟も然りである。そうやってSMの限りを尽くしてイジメながら可愛がった愛猫だからこそ、果敢《はか》なくなってしまう時がいっそう哀切なのだと、あらためて教えられるような気分であった。

この一篇《いっぺん》にも明らかなように、本書におさめられている二十四篇はすべて、軽妙な筆致であたかも雑談のように語られているが、その実どこかしら〝大切なこと〟が隠し味として効いているのである。野暮天のぼくはこうやって余計な御世話の〆鯖を添えてしまったが、本書は並みの福神漬けではないぞ、と最後にあえて付け加えさせてもらおう。

（平成二年九月、作家）

この作品は昭和六十二年十月、新潮社より刊行された。

新潮文庫最新刊

恩田　陸著
歩道橋シネマ
その場所に行けば、大事な記憶に出会えると——。不思議と郷愁に彩られた表題作他、著者の作品世界を隅々まで味わえる全18話。

藤沢周平著
決闘の辻
一瞬の隙が死を招く——。宮本武蔵、柳生宗矩、神子上典膳、諸岡一羽斎、愛洲移香斎ら歴史に名を残す剣客の死闘を描く五篇を収録。

三上　延著
同潤会代官山アパートメント
天災も、失恋も、永遠の別れも、家族となら乗り越えられる。『ビブリア古書堂の事件手帖』著者が贈る、四世代にわたる一家の物語。

中江有里著
残りものには、過去がある
二代目社長と十八歳下の契約社員の結婚式。この結婚は、玉の輿？　打算？　それとも——。中江有里が描く、披露宴をめぐる六編！

三国美千子著
いかれころ
新潮新人賞・三島由紀夫賞受賞
南河内に暮らすある一族に持ち上がった縁談を軸に、親戚たちの奇妙なせめぎ合いを四歳の少女の視点で豊かに描き出したデビュー作。

赤松利市著
ボダ子
優しかった愛娘は、境界性人格障害だった。事業も破綻。再起をかけた父親は、娘とともに東日本大震災の被災地へと向かうが——。

鞄《かばん》に本《ほん》だけつめこんで

新潮文庫　む－8－1

平成二年十月二十五日　発行
平成十九年二月十五日　二十四刷
令和二年四月一日　新版発行
令和四年二月十五日　二刷

著者　群《むれ》ようこ
発行者　佐藤隆信
発行所　株式会社新潮社

郵便番号　一六二―八七一一
東京都新宿区矢来町七一
電話　編集部(〇三)三二六六―五四四〇
　　　読者係(〇三)三二六六―五一一一
https://www.shinchosha.co.jp

価格はカバーに表示してあります。

印刷・株式会社光邦　製本・株式会社植木製本所

ISBN978-4-10-115933-1 C0195

――――うつくしい川の物語――

「うつくしい川」

〈現代を生きる人びとへの清冽な感動の書。――いま、生きることの意味を問う三篇。〉

私たちが本当に求めているものは何か。今日の繁栄と富のなかで、かえって見失われつつある人間の心の大切さを描く。

大自然と人間の営みのなかに、生きることの尊さと愛のあり方を見つめ、深い感動をもって人びとに語りかける物語。

〈人が人として生きる道を、美しい自然を背景に描いた感動の物語。〉

〈いま、生きることの意味を問いなおす。人間が人間として生きる道とは何か。自然のなかでの人と人との出会いを通して描く、深い感動の物語。〉

三田村信行 著

ちから

川北亮司 著

海
金沢から来た少女と少年の物語
（上・下）

藤 幸子 著

香港・澳門
台北・マカオ・香港ガイド

干田国広 著

のっているかもしれない

矢崎節夫 著

「講談社学術文庫」の刊行に当たって

これは、学術をポケットに入れることをモットーとして生まれた文庫である。学術は少年の心を養い、成年の心を満たす。その学術がポケットにはいる形で、万人のものになることは、生涯教育をうたう現代の理想である。

こうした考え方は、学術を巨大な城のように見る世間の常識に反するかもしれない。また、一部の人たちからは、学術の権威をおとすものと非難されるかもしれない。しかし、それはいずれも学術の新しい在り方を解しないものといわざるをえない。

学術は、まず魔術への挑戦から始まった。やがて、いわゆる常識をつぎつぎに改めていった。学術の権威は、幾百年、幾千年にわたる、苦しい戦いの成果である。こうしてきずきあげられた城が、一見して近づきがたいものにうつるのは、そのためである。しかし、学術の権威を、その形の上だけで判断してはならない。その生成のあとをかえりみれば、その根は常に人々の生活の中にあった。学術が大きな力たりうるのはそのためであって、生活をはなれた学術は、どこにもない。

開かれた社会といわれる現代にとって、これはまったく自明である。生活と学術との間に、もし距離があるとすれば、何をおいてもこれを埋めねばならない。もしこの距離が形の上の迷信からきているとすれば、その迷信をうち破らねばならぬ。

学術文庫は、内外の迷信を打破し、学術のために新しい天地をひらく意図をもって生まれた。文庫という小さい形と、学術という壮大な城とが、完全に両立するためには、なおいくらかの時を必要とするであろう。しかし、学術をポケットにした社会が、人間の生活にとってより豊かな社会であることは、たしかである。そうした社会の実現のために、文庫の世界に新しいジャンルを加えることができれば幸いである。

一九七六年六月　　　　野間省一

樺山紘一（かばやま　こういち）

1941年東京生まれ。東京大学卒。専門は西洋中世史，西洋文化史。東京大学文学部教授，国立西洋美術館長を経て，現在，東京大学名誉教授，印刷博物館顧問，渋沢栄一記念財団理事長。主な著書に『歴史のなかのからだ』『ルネサンスと地中海』『西洋学事始』『歴史の歴史』，学術文庫に『《英雄》の世紀』などがある。

講談社学術文庫

定価はカバーに表示してあります。

ヨーロッパの出現《しゅつげん》

樺山紘一《かばやまこういち》

2024年4月9日　第1刷発行

発行者　森田浩章

発行所　株式会社講談社

東京都文京区音羽 2-12-21 〒112-8001

電話　編集（03）5395-3512

販売（03）5395-5817

業務（03）5395-3615

装　幀　蟹江征治

印　刷　株式会社ＫＰＳプロダクツ

製　本　株式会社国宝社

本文データ制作　講談社デジタル製作

ISBN978-4-06-534988-5